Francis Schaeffer
Die große Anpassung
Der Zeitgeist und die Evangelikalen

Werke von Francis A. Schaeffer

Gott ist keine Illusion

Preisgabe der Vernunft

... und er schweigt nicht

Tod in der Stadt

Das programmierte Ende

Kirche am Ende des 20. Jahrhunderts

Das Kennzeichen des Christen

Die Kirche Jesu Christi – Auftrag und Irrweg

Geistliches Leben – was ist das?

Die Bibel zum Thema

Genesis in Raum und Zeit

Die neue religiöse Welle

Zurück zu Freiheit und Würde

Kunst und die Bibel

Jeder ist von Bedeutung

Unsere Welt soll sein Wort hören

Josua – Gott will retten

Der Schöpfungsbericht

Jeder kann es wissen (mit Edith Schaeffer)

Wie können wir denn leben?

Bitte laß mich leben

Ein christliches Manifest (in Bearbeitung)

Die große Anpassung

FRANCIS A. SCHAEFFER

DIE GROSSE ANPASSUNG

DER ZEITGEIST UND DIE EVANGELIKALEN

Verlag Schulte + Gerth Asslar

Die amerikanische Originalausgabe erschien im Verlag
Crossway Books, Westchester, Illinois, unter dem Titel
„The Great Evangelical Disaster".
© 1984 by Francis A. Schaeffer
© der deutschen Ausgabe 1988
Verlag Schulte + Gerth, Asslar
© der deutschen Übersetzung von Kapitel 8 1971 unter dem Titel
„Das Kennzeichen des Christen" Brockhaus-Verlag, Wuppertal.
Abdruck mit Genehmigung
Aus dem Amerikanischen übersetzt von Christiane Maikranz und
Peter C. Knüppel

Best.-Nr. 15 086
ISBN 3-87739-086-2
1. Auflage 1988
Satz: Jung SatzCentrum, Lahnau
Druck und Verarbeitung: Ebner Ulm
Printed in Germany

Einer neuen, jungen Generation gewidmet –
und jenen Menschen der älteren Generation,
die in ihrem standhaften Einsatz als Radikale
für die Wahrheit und für Christus eintreten.

Inhalt

Vorwort zur deutschen Ausgabe:
Francis Schaeffer – ein moderner Apologet ... 9
In Dankbarkeit und Anerkennung ... 19
Vorwort ... 21
Die Verbindung des Films mit dem Buch ... 25

Einleitung ... 27

Worauf kommt es wirklich an? ... 29

Die Wasserscheide der evangelikalen Welt ... 57

Die Kennzeichnung der Wasserscheide ... 59
Das Ausleben der Wahrheit ... 89

Namen und Streitfragen ... 121

Bedeutungen und Nebenbedeutungen ... 123
Erscheinungsformen des Zeitgeistes ... 141
Die große Anpassung ... 179

Schluß ... 185

Radikale für die Wahrheit ... 187

Anhang ... 191

Das Kennzeichen des Christen ... 193

Anmerkungen ... 225

Francis A. Schaeffer – ein moderner Apologet

Francis A. Schaeffer (1912–1984) ist einer der wenigen Apologeten des 20. Jahrhunderts. Nach seinem Theologiestudium war er zunächst Pfarrer in den USA, bevor er Mitte der fünfziger Jahre in der Schweiz die L'Abri-Gemeinschaft gründete, durch die auch viele deutsche Studenten und Akademiker entscheidend geprägt wurden. Seine Bücher *Preisgabe der Vernunft, Gott ist keine Illusion* und *Wie können wir denn leben, Aufstieg und Niedergang der westlichen Kultur* gehören zu den wichtigsten Werken der evangelikalen Nachkriegsliteratur. Durch zahlreiche Konferenzen und Seminare, durch Vorlesungen und Diskussionsveranstaltungen an vielen Universitäten der Welt und nicht zuletzt durch seine Filme hat Francis Schaeffer unbestritten einen nachhaltigen Einfluß auf die amerikanische Bevölkerung, besonders auf Regierungs- und Universitätskreise, ausgeübt.

Der Ausgangspunkt von Schaeffers apologetischem Ansatz ist die Analyse der westlichen Kultur, der er die Absolutheit Gottes und die Unfehlbarkeit und Irrtumslosigkeit seines Wortes gegenüberstellt.

Sein letztes Buch, das im Jahre seines Todes unter dem Titel *The Great Evangelical Disaster* publiziert wurde, ist gewissermaßen Schaeffers Vermächtnis an die Evangelikalen. Denn um ihnen zu helfen, klagt er sie der Laschheit an und wirft ihnen vor, die lebenswichtige Aufgabe der Konfrontation zu vernachlässigen. Wenn Schaeffer auch von den amerikanischen Verhältnissen ausgeht, so ist dieses Buch dennoch für die Evangelikalen in der Bundesrepublik Deutschland von brennender Aktualität. Die Herausgabe von *The Great Evangelical Disaster* in deutscher Sprache ist daher vier Jahre nach Erscheinen der Originalausgabe überfällig. Die Übertragung seiner Argumente auf die deutsche Situation ist so offenkundig, daß sie nicht einmal in einzelnen Details konkretisiert zu werden braucht. Die im folgenden kurz dargestellten Grundzüge seines Buches machen das deutlich.

Die gegenwärtige Situation

Schaeffer setzt mit einer bedrückenden Beobachtung ein: Auf der einen Seite erleben wir eine nahezu unvorstellbare Ausweitung des wissenschaftlich-technischen Wissens, auf der anderen Seite jedoch einen moralischen Zusammenbruch erschreckenden Ausmaßes. Irgend etwas muß also mit der christlichen Kultur des Abendlandes geschehen sein, daß die Welt nicht humaner geworden ist, sondern heute jede Perversion als gesellschaftsfähig gilt. Die Ethik wird vom Prinzip der Nützlichkeit bestimmt, Maßstäbe gelten als einengend. Wie sehr diese Diagnose zutrifft, macht in jüngster Zeit die Debatte um Maßnahmen gegen die AIDS-Erkrankung deutlich.

Typisch für diese Situation ist nach Schaeffer das Auseinanderklaffen von Freiheit und Autorität. Eine Gesellschaft kann indes nur existieren, wenn sie die rechte Balance zwischen diesen beiden Werten findet. Denn Freiheit ohne Autorität führt zu Anarchie und Chaos; Autorität ohne Freiheit führt in die Diktatur und somit zur Zerstörung individueller und sozialer Freiheit. War die Freiheit einst integriert in eine christliche

Ethik, so hat sich nun der Mensch selbst zum Gott aufgeworfen und bestimmt in autonomer Freiheit das, was Wahrheit sein soll.

Aufgrund dieses Befundes kommt Schaeffer zu der Überzeugung, daß wir in einer nachchristlichen Welt leben, in der das Christentum nicht mehr die ethische Basis der Gesellschaft darstellt. Der Gesichtsverlust des christlichen Glaubens zeigt sich darin, daß die Christen sich dem Zeitgeist der Welt angepaßt haben und in Jesus Christus nicht mehr den Herrn aller Lebensbereiche sehen. In dieser Situation ist es die Aufgabe des gläubigen Christen, einen offensiven Standpunkt gegen den wertezerstörenden Zeitgeist einzunehmen. Hierbei geht es laut Schaeffer um einen Kampf um Leben und Tod, der sowohl über die Situation des Menschen in der Ewigkeit als auch in dieser Zeit entscheidet.

Diese Situationsanalyse Schaeffers gilt für Amerika und Europa gleichermaßen.

Die geistesgeschichtlichen Ursachen

Den entscheidenden Schritt auf dem Wege zur Zerstörung der christlichen Basis der Kultur erblickt Schaeffer in dem antichristlichen Charakter der Aufklärungsepoche, stehen doch die zentralen Ideen jener Zeit in scharfer Antithese zum Christentum: die Leugnung des Übernatürlichen, der Glaube an die Autonomie der menschlichen Vernunft, die Ablehnung von Sündenfall, Göttlichkeit Jesu Christi und seiner Auferstehung, die Auffassung von der Fähigkeit des Menschen, sich selbst zu vervollkommnen, und die Zerstörung der Glaubwürdigkeit der Bibel durch die menschliche Kritik. Mit diesen Entscheidungen, so Schaeffer, begann auch der moralische Verfall der Menschheit. Erlösung geschieht jetzt nicht mehr durch Christus, sondern durch die Vernunft des Menschen; rationale

Prinzipien übernehmen die Rolle der Rechtfertigung, und der Fortschritt ist der neue Weg zum Paradies. Schaeffer hat diese Entwicklung mit der griffigen Formel *Preisgabe der Vernunft* beschrieben.

Besonders verhängnisvoll hat sich diese Entwicklung auf die Theologie in Deutschland ausgewirkt, wurde doch der Glaube von der Rationalität gelöst und auf die Insel der subjektiven Innerlichkeit verbannt. Mit der denkerischen Erschließung der Wirklichkeit hat er seitdem nichts mehr zu schaffen. Der christliche Glaube wurde aus der Welt des Nachprüfbaren entrückt und auf ein angeblich sicheres, unantastbares, aber auch geschichtsloses Nebengleis in höheren Dimensionen abgeschoben.

Da der Mensch aber gleichsam einen Hang zum Spirituellen in sich hat, der auf Formgebung wartet, steht am Ende dieses Weges der Verfall an den Irrationalismus. Der Erfolg der New-Age-Bewegung in Deutschland – gerade in intellektuellen Kreisen – belegt die Richtigkeit dieser Diagnose zur Genüge.

Mit aller Kraft müßten die gläubigen Christen diesem relativistischen Denken gegenüber offensiven Widerstand leisten. Wenn sich die Evangelikalen wirklich von ihrem Glauben leiten ließen, stünden sie nach Schaeffer an vorderster Front gegen den säkularen Zeitgeist. Schaeffer erhebt die Anklage, daß manche Evangelikale sich zwar so nennen, es im Grunde aber gar nicht sind, weil sie durch Anpassung die Kraft des göttlichen Wortes abschwächen. Die Ursache hierfür sei die mangelnde Bereitschaft zur Konfrontation, die Folge Angleichung an den Zeitgeist. Schaeffer erblickt diesen Einbruch einerseits im Schriftverständnis und andererseits in weltlichen Verhaltensformen.

Die entscheidende Bruchstelle ist eine veränderte Auffassung von der Bibel. Man hält sie selbst in evangelikalen Kreisen für grundlegend im Bereich der religiösen Erfahrung, aber für fehlbar in den Bereichen der Vernunft und der Wissenschaft. So wird das Wort Gottes der Kritik durch den Zeitgeist unterworfen, anstatt Gesellschaft und Kultur durch die Bibel in Frage zu stellen. Als Beispiel nennt Schaeffer die existentiale Methode der Bibellektüre. Man differenziert zwischen der objektiven Welt der Vernunft und der subjektiven Erfahrung der inneren Überzeugung. Damit wird die objektive Heilstatsache von dem subjektiven Befinden des Menschen abhängig gemacht und dadurch letztlich herabgewürdigt. Dies entspricht einer Trennung von Glauben und Denken, die in den Irrationalismus führen muß.

Es läßt sich nicht leugnen, daß auch in den Kreisen deutscher Evangelikaler eine solche Aufweichung des Schriftverständnisses zu konstatieren ist. Nicht mehr die Schrift, sondern die religiöse Erfahrung mit Gott wird die Entscheidungsinstanz für das Glaubensleben. Die Frage nach der Glaubwürdigkeit und Autorität der Aussagen der Heiligen Schrift wird dabei als nebensächlich abgetan, die Hauptsache für den Gläubigen sei die undogmatische Begegnung mit Jesus. Dabei wird unsere Kultur zur Hermeneutik.

Nach vielen Jahren der klaren Ablehnung der Bibelkritik machen sich ihre Ausläufer nun selbst in evangelikalen Ausbildungsstätten Deutschlands breit. In der Folge eines zunehmenden Dialoges mit den Kritikern werden anscheinend unumstößliche Ergebnisse der Bibelkritik übernommen und in ein evangelikales Wortgewand gekleidet. Diese Durchdringung des Schriftverständnisses geschieht schleichend, aber kontinuierlich, so daß für viele Evangelikale die Gefahr nicht sichtbar geworden ist.

Die gegenwärtigen Folgen

Als Beispiele für diese Fehleinschätzung der Evangelikalen in Amerika behandelt Schaeffer ausführlich die Problemfelder

Ökumenismus, Friedensbewegung, Feminismus und die Abwertung des menschlichen Lebens durch die Abtreibung. Sie lassen sich ohne weiteres auf die deutschen Verhältnisse übertragen und haben auch in den evangelikalen Gemeinden zu heftigen Kontroversen geführt.

Aus unserer Sicht wäre ferner zu erinnern an die Debatte innerhalb des evangelikalen Lagers um die Teilnahme am Kirchentag, an die Frage nach der Stellung in der Auseinandersetzung zwischen Schöpfungsforschung und Evolutionshypothesen sowie zwischen Psychologie und Seelsorge.

Auch die jüngste Diskussion um die sogenannten Parallelstrukturen trifft ja gerade den Kern des evangelikalen Selbstverständnisses, denn hier geht es um die Haltung der Evangelikalen der verfaßten Volkskirche gegenüber. Einer der Prüfsteine in dieser Auseinandersetzung ist die Frage nach dem Verhältnis zu staatsunabhängigen, bibeltreuen Ausbildungsstätten.

Es gibt also genügend Problemfelder, die die Evangelikalen veranlassen sollten, auf Schaeffers deutliche Analyse zu hören.

Der einzige Ausweg

Schaeffer spricht eigentlich Selbstverständlichkeiten aus, wenn er zur Rettung eines deutlichen Zeugnisses der Evangelikalen auf die Notwendigkeit einer klaren Haltung der Schrift gegenüber hinweist. Ohne eine solche Verwurzelung in dem einzigen tragfähigen Fundament wird es den Evangelikalen nicht möglich sein, in den kommenden Auseinandersetzungen standzuhalten. Es deutet vieles darauf hin, daß diese Konflikte in Zukunft an Schärfe zunehmen werden.

Schaeffer fordert eine Rückkehr zu der ursprünglichen Bedeutung der Worte „Fundamentalismus" und „evangelikal". Beide Begriffe meinten zu Beginn dasselbe, nämlich das

Vertrauen in die gesamte Heilige Schrift mit der daraus resultierenden kompromißlosen Haltung der Welt gegenüber als dem Herrschaftsbereich Satans. Von daher widerspricht die Reserviertheit mancher deutscher Evangelikalen gegenüber einem „fundamentalistischen Bibelverständnis" dem gemeinsamen Anliegen, das sie zu Beginn unseres Jahrhunderts bewegte.

Am Beispiel der USA weist Schaeffer nach, daß der Einbruch des säkularen Urteils in das Denken und Handeln der Evangelikalen vor allem in den akademischen Ausbildungsstätten begann und von dort seinen Weg in die Gemeinden nahm. Sein Schluß aus dieser Beobachtung ist keineswegs ein neuer Anti-Intellektualismus, sondern im Gegenteil eine viel stärkere Betonung der Notwendigkeit des Zusammenhanges von Glauben und Denken. Von der Bibel her sollten sich die gläubigen Studenten aller Fachdisziplinen ihr kritisches Urteilsvermögen schärfen lassen, um nicht der Faszination gelehrter Modelle zu erliegen, sondern alles zu prüfen und das Beste zu behalten.

Übertragen auf die deutsche Situation bedeutet dies zuerst eine nüchterne Analyse der Wirklichkeit der Theologenausbildung an den staatlichen Fakultäten. Auch wenn die evangelikalen Ausbildungsinitiativen von den Kirchenleitungen ostentativ der Unwissenschaftlichkeit bezichtigt werden, meist ohne Prüfung oder gar Kenntnis solcher Einrichtungen, so ist doch inzwischen allgemein offenkundig, daß die Ausbildung an den Universitäten aufgrund der Monopolstellung der Bibelkritik fast zwangsläufig zur Infragestellung und oft genug auch zur Zerstörung des Glaubens der Studenten führt.

Im Sinne Schaeffers wäre es daher die Aufgabe der Evangelikalen, mit Energie die Forderung nach bibeltreuen Hochschulen zu betreiben und den neoorthodoxen Ansatz aus den eigenen Reihen zu entfernen. Gerade an dieser entscheidenden Stelle mangelt es aber offensichtlich noch an Einsicht in das Notwendige.

Schaeffers Hauptforderung, die er in seinem Buch immer wieder wie ein Vermächtnis ausspricht, ist diese: die Grenze zwischen Christentum im biblisch-reformatorischen Sinne und dem Säkularismus müsse deutlich werden. Sie ist für ihn die Wasserscheide, an der die Entscheidung über Leben und Tod fällt. Wahrheit bringt Konfrontation mit sich, verlangt sie geradezu. Wer dieser Konfrontation aus angeblicher Liebe ausweicht, liefert den säkularen Menschen letztlich dem Verderben aus. Die daraus resultierende Anpassung an den Zeitgeist ist das, was Schaeffer die „evangelikale Katastrophe" nennt.

Erst auf diesem Hintergrund, der auch durch die deutsche Situation erhellt wird, kann man seine Forderung nach Radikalen für die Wahrheit verstehen. Wenn die Botschaft des Evangeliums glaubwürdig ist, dann betrifft sie das gesamte Leben, dann muß sie eine ständige radikale Anfrage an die moderne Welt sein. Deshalb sollen gläubige Christen Radikale sein, Radikale gegen Relativismus und Synkretismus. Obwohl die Wahrheit die Konfrontation fordert, soll sie in Liebe und Vergebungsbereitschaft geschehen, nicht in rechthaberischer Gesetzlichkeit und Kritiksucht. Darum wendet sich Schaeffer auch eindeutig gegen die Selbstgerechtigkeit in den eigenen Reihen, die dem anderen den Blick für die Wahrheit versperrt.

In der Tat: Schaeffers schonungslose Analyse gilt für die USA wie für die Bundesrepublik Deutschland. Wir benötigen radikale Christen, die in gehorsamer Nachfolge Kirche und Gesellschaft diesen Liebesdienst der Konfrontation um der Wahrheit willen leisten. Man nimmt Schaeffer seine Sorge um die Evangelikalen unserer Tage ab, hat er doch viele Jahre ihren Weg verfolgt und mit geprägt. Die Bibelfrage bleibt die Wasserscheide. Sie wird den weiteren Weg der Evangelikalen bestimmen. Werden sie den Weg vieler Institutionen und Werke gehen, die einflußreich und bibeltreu anfingen, aber bedeutungslos und liberal endeten, oder lassen sie sich zurückrufen zur Irrtumslosigkeit der ganzen Schrift, dem Grundparadigma, mit dem sie begannen und das ihnen ihre Existenzberechtigung gab gegenüber allen Ideologien und Theologien unserer Tage? Es wäre zu wünschen, daß Schaeffers Warnruf gehört und auch in Deutschland befolgt würde.

Lutz v. Padberg
Stephan Holthaus

In Dankbarkeit und Anerkennung

Wie einige von Ihnen wissen werden, befand ich mich während der sieben Wochen, die auf den Thanksgiving Day 1983 folgten, in einem äußerst kritischen Gesundheitszustand. Man brachte mich zunächst in das Krankenhaus in Aigle, Schweiz; dann erfolgte ein Nottransport über den Atlantik, bei dem es buchstäblich um Leben und Tod ging. Den größten Teil der folgenden sechs Wochen verbrachte ich im St. Mary Krankenhaus, das mit der Mayo-Klinik verbunden ist. Während ich in St. Mary behandelt wurde, erhielten Edith und unsere Kinder dreimal die Nachricht, daß man mit meinem baldigen Tod rechnete. Glücklicherweise liegt diese Zeit nun hinter mir. Während ich dies schreibe, erhole ich mich in einem Haus des amerikanischen Zweiges von L'Abri in Rochester, Minnesota.

In diesen sieben Wochen war ich vollkommen unfähig, irgend etwas zu tun; so blieb auch ein Großteil der Arbeit, die ich mir vorgenommen hatte, unerledigt. In dieser Situation wäre das Buch niemals rechtzeitig für die Seminare gleichen Namens fertig geworden, wenn nicht Lane Dennis, Vize-Direktor und Geschäftsführer von Crossway Books, gewesen wäre. Er hat viele Stunden mit großer Hingabe für das vorliegende Buch gearbeitet.

Lane ist ein echter Freund und zudem jemand, der meine

Arbeiten „in- und auswendig" kennt. Er veröffentlichte meine *Complete Works* und mein Buch *Ein christliches Manifest.* Lane und seine gesamte Familie lebten im Sommer 1978 drei Monate in L'Abri. Viele Stunden brachte er damit zu, meine Tonbandvorträge zu hören. Er schrieb seine Doktorarbeit in Philosophie als soziologische Studie über L'Abri.

Als ich aus dem Krankenhaus kam, stellte ich fest, daß die sieben Wochen meines Krankenhausaufenthaltes keine verlorene Zeit gewesen waren. Lane hatte währenddessen viele Stunden genaue Nachforschungen getrieben und meine Unterlagen für das endgültige Manuskript vorbereitet. Als es mir nach einiger Zeit etwas besser ging, war das Manuskript soweit vorbereitet, daß ich sofort mit der Arbeit beginnen konnte. Während ich dies schreibe, führen wir immer noch stundenlange Telefongespräche und tauschen uns über die letzte Bearbeitungsphase des Manuskripts aus.

Hiermit möchte ich noch einmal hervorheben, daß dies alles ohne Lane Dennis' Engagement nicht möglich gewesen wäre.

Bei keinem meiner vorherigen Bücher hat sich so etwas jemals ereignet; deshalb bin ich – und ist jeder, dem dieses Buch eine Hilfe bietet – Lane Dennis zu großer Dankbarkeit verpflichtet.

Francis A. Schaeffer
den 7. Februar 1984

Vorwort

Wenn Sie nun mit der Lektüre dieses Buches beginnen, möchte ich Ihnen mitteilen, daß ich mich in einer Art Dilemma befinde und dies nun schon seit einigen Jahren. Lassen Sie mich das erklären: während der letzten zwanzig Jahre habe ich dreiundzwanzig Bücher geschrieben. Meine frühen Bücher behandeln hauptsächlich intellektuelle Fragen der Philosophie und Inhalte des kulturellen Bereiches. Ferner schrieb ich Bücher über das geistliche Leben und die Kirche. In der letzten Zeit beschäftigten sich meine Bücher besonders mit dringenden Fragen zu Staat, Gesetz und staatlicher Gewalt.

Durch meine gesamten Werke zieht sich wie ein roter Faden das allen gemeinsame Thema „Die Herrschaft Jesu Christi in der Gesamtheit des Lebens". Wenn Christus wirklich der Herr ist, dann muß er Herr in allen Lebensbereichen sein – in geistlichen Angelegenheiten, das versteht sich von selbst, aber in genau demselben Maße auch im gesamten Spektrum des Lebens, einschließlich der intellektuellen Fragen und den Gebieten der Kultur, der Gesetzgebung und der staatlichen Gewalt. Ich möchte betonen, daß sich vom Anfang bis zum Ende meiner Bücher folgendes Thema hindurchziehen soll: die Bedeutung der Verkündigung des Evangeliums (Männern und Frauen zu helfen, Christus als ihren Erlöser kennenzulernen), die Notwendigkeit, jeden Tag mit Gott zu leben, Gottes

Wort zu erforschen, ein Leben des Gebets zu führen und die Liebe, das Erbarmen und die Heiligkeit Gottes, unseres Herrn, zu verkündigen. Aber gleichzeitig und in gleichem Maße müssen wir die Notwendigkeit betonen, daß dies auf jedem Gebiet von Kultur und Gesellschaft ausgelebt werden muß.

Dieses Buch, das Sie jetzt lesen, muß also im Kontext meiner gesamten Bücher gesehen werden. Mein Dilemma ist, daß wahrscheinlich viele Leser nicht die Möglichkeit hatten, die Gesamtheit meiner Bücher kennenzulernen – es ist mir aber auch nicht möglich, in diesem einen Buch alles abzudecken oder einen gesamten Überblick zu geben.

Gleichzeitig ist es jedoch auch ein eigenständiges Buch, indem es sich zu bedenklichen Fragen unserer Zeit äußert. Deshalb eröffnet das Buch auch einem Leser, der sich zum erstenmal mit meinen Werken beschäftigt, eine gute Anfangsgrundlage. Andererseits sollten diejenigen, die meine Bücher schon kennen, bemerken, daß dieses Buch aus der kritischen Situation heraus entstanden ist, in der wir uns heute befinden, und daß es eine direkte Erweiterung und Anwendung dessen darstellt, was ich während der letzten Jahre geschrieben habe.

Wenn Sie die Ausführungen in diesem Buch interessant und hilfreich finden, dann möchte ich Sie ermutigen, auch meine früheren Werke durchzuarbeiten.

Einer der Gründe für das vorliegende Buch bestand darin, einige Gedanken und Themen meiner früheren Werke zu bestätigen und neu zu formulieren – ebenso war mir daran gelegen, diese Inhalte zu erweitern und sie auf unsere heutige Situation anzuwenden. Die Anmerkungen am Ende dieses Buches sollten berücksichtigt werden, da sie Aufschluß darüber geben, in welchen meiner übrigen Bücher viele dieser Themen und Gedanken detaillierter behandelt werden. Ich möchte auch darauf hinweisen, daß meine Broschüre *Das Kennzeichen des Christen* der vorliegenden Ausgabe beigefügt wurde. Ich bitte Sie, zunächst in der Lektüre des Buches fortzufahren; lesen Sie aber auch *Das Kennzeichen des Christen,* da die darin aufgeführten Prinzipien besonders in den vor uns liegenden schwierigen Zeiten von Bedeutung sein werden.

Abschließend möchte ich erklären, daß die Aussage, die ich in diesem Buch mache, möglicherweise die wichtigste Aussage ist, die ich je niedergeschrieben habe. Sie betrifft das, was ich „die evangelikale Katastrophe" nenne und beinhaltet das größte Problem, dem wir als Christen in unserer Generation gegenüberstehen.

Francis A. Schaeffer
im Februar 1984

Die Verbindung des Films mit dem Buch

Mein Sohn Franky Schaeffer hat zusammen mit Ray Ciony einen Trickfilm mit dem Titel *The Great Evangelical Disaster* hergestellt, der als Begleitfilm zu diesem Buch gedacht ist. Der Film ist eine Satire und wendet sich an diejenigen, die sich „außerhalb" der evangelikalen Welt befinden. Wir hoffen, daß er diesen Menschen die Augen dafür öffnet, wie weit es mit dem modernen Menschen schon gekommen ist. Der Film wendet sich auch an Christen und will ihnen helfen zu erkennen, wie destruktiv der Zeitgeist um uns herum wirklich ist. Der Film wurde bei Franky Schaeffer V Productions hergestellt.

Mein Buch möchte den evangelikalen Christen zu einer klaren Erkenntnis darüber verhelfen, wie sehr sich der Protestantismus dem destruktiven und unheilvollen Zeitgeist unserer Tage angepaßt hat; ferner möchte es jungen radikalen Christen und anderen helfen, sich mutig gegen diese Anpassung zu stellen.

Ferner möchte ich auch Franky Schaeffers neues Buch erwähnen, *Bad News For Modern Man* (Crossway Books, Westchester, Illinois, 1984). Das Buch ist in direkter Weise auf den Film bezogen. Diese drei Projekte stellen eine Einheit dar.

Francis A. Schaeffer

(Die Videokassette (VHS) des Films kann bei Peter C. Knüppel, Staelsmühle 13, 5632 Wermelskirchen 3, in englischer Sprache ausgeliehen werden.)

Einleitung

Worauf kommt es wirklich an?

Die Zeitschrift *Time* veröffentlichte kürzlich unter dem Titel „The Most Amazing 60 Years" (Die bemerkenswertesten 60 Jahre) eine Sonderausgabe anläßlich ihres sechzigjährigen Bestehens. Indem diese Sonderausgabe die Welt in Erinnerung ruft, in der die Zeitschrift *Time* entstand, beginnt sie mit folgenden Worten: „The atom was unsplit. So were most marriages."[1] (Das Atom war ungespalten. Ebenso die meisten Ehen.) Hier werden zwei Geschehnisse unseres Zeitalters in den richtigen Zusammenhang gebracht – das eine, die wissenschaftlich technologische Explosion; das zweite, ein moralischer Zusammenbruch. Diese beiden Dinge haben sich nicht zufälligerweise gleichzeitig ereignet. Es gibt vielmehr etwas, das sich hinter beiden Phänomenen verbirgt. Indem *Time* dies erkannt hat, bewies es ein erstaunliches Verständnis unserer Zeit.

Das Streben nach Autonomie

In den vergangenen sechzig Jahren hat sich etwas geändert – etwas, das die moralische Grundfeste, auf der unsere Kultur basiert, zerstört hat. In jeden Bereich der Kultur sind verheerende Ereignisse eingebrochen, sei es nun im Bereich der Gesetzgebung oder der staatlichen Gewalt, in den Schulen, in unserem Gemeinwesen oder in der Familie. Und diese Dinge haben sich zu Lebzeiten vieler meiner Leser abgespielt. Mit unserer Kultur und unseren Wertvorstellungen wurde Raubbau getrieben, und sie gingen verloren; sie wurden in großem Maße verworfen. Dies einen moralischen Zusammenbruch zu nennen ist noch gelinde ausgedrückt. Die Moral selbst wurde auf den Kopf gestellt, indem jede Form moralischer Perversion von den Medien und der Unterhaltungsindustrie anerkannt und verherrlicht wurde.

Wie können wir uns erklären, was geschehen ist? Der Hauptartikel der *Time* Sonderausgabe bietet eine Erklärung. Die Betrachtung unter dem Titel „What really mattered?" (Was spielte wirklich eine Rolle?) schlägt vor: „Um entscheiden zu können, was sich in diesem Wirrwarr (von Ereignissen) wirklich abspielte, muß man wohl einen Sinn für das haben, was sich hinter den jeweiligen Ereignissen verbirgt." Es ist, laut *Time,* notwendig zu entdecken, „welche Auffassung für (unser) Zeitalter charakteristisch ist."[2]

Hier hat *Time* vollkommen recht. Um wirklich einen Sinn in dem zu finden, was in den vergangenen sechzig Jahren geschehen ist, um auch die Gegenwart verstehen zu können und zu wissen, wie wir als Christen heute leben sollten, müssen wir unbedingt erkennen, welche Auffassung unser Zeitalter kennzeichnet – wir könnten dies auch den Zeitgeist nennen, der unsere Kultur seit 1920 in so radikaler Weise verändert hat. Diese Vorstellung, dieser Zeitgeist, so *Time,* ist der Gedanke der „Freiheit" gewesen – nicht bloß Freiheit als ein abstraktes Ideal oder Freiheit im Sinne einer Befreiung aus der Ungerechtigkeit, sondern *Freiheit im absoluten Sinne:*

Die fundamentale Idee, für die Amerika geradezu repräsentativ war, entsprach den Wertvorstellungen der Zeit. Amerika war nicht einfach ein freies Land; es war vielmehr befreit, entfesselt. Dabei hatte man die Vorstellung von etwas, das zuvor in Schach gehalten wurde – die explosive Kraft eines Landes, die sich in planlosen Energiepartikeln umherbewegte und dennoch gleichzeitig an Macht und Erfolg zunahm. Frei zu sein bedeutete, modern zu sein; modern zu sein bedeutete, seine Chancen wahrzunehmen. Das „Amerikanische Jahrhundert" sollte das Jahrhundert der Befreiung, des Ausbrechens aus dem 19. Jahrhundert sein (mit Leitbildern wie Freud, Proust, Einstein und anderen) *und schließlich zu einer Befreiung von jeglichem Zwang führen.*[3]

Im Verlaufe der weiteren Betrachtungen bemerkt *Time:* „Hinter den meisten dieser Ereignisse verbarg sich die Annahme, ja fast ein moralischer *Imperativ*, daß alles Unfreie frei sein sollte, daß *Begrenzungen schon in sich unheilvoll seien*" und daß sich die Wissenschaft im Geiste einer „selbstsicheren Autonomie"[4] unbegrenzt fortentwickeln sollte. Aber, wie *Time* schlußfolgert, „wenn Menschen oder Ansichten entfesselt werden, dann sind sie zwar befreit, aber noch nicht wirklich frei."[5]

Ordnung und Freiheit

Hier ist das wahre Problem der zwanziger bis achtziger Jahre beim Namen genannt worden. Es liegt in dem Versuch, absolute Freiheit haben zu wollen – vollkommen unabhängig von allen wesentlichen Begrenzungen zu sein. Es besteht in dem Versuch, alles von sich abzuschütteln, was die eigene, persönliche Autonomie einschränkt. Aber ganz besonders stellt dies eine direkte und bewußte Rebellion gegen Gott und seine Gesetze dar.

In diesem Essay hat *Time* das deutlich gemacht, was wirklich von zentraler Bedeutung ist, nämlich das Problem von Ordnung und Freiheit. Dies ist ein Problem, mit dem jede Kultur seit dem Beginn der Menschheitsgeschichte konfrontiert wurde. Das Problem stellt sich so dar: Wenn es keine Ausgewogenheit zwischen Ordnung und Freiheit gibt, dann wird sich die Gesellschaft zu dem einen oder anderen Extrem hinbewegen. Freiheit ohne ein angemessenes Gleichgewicht von Ordnung wird zum Chaos und dem totalen Zusammenbruch der Gesellschaft führen. Ordnung ohne ein angemessenes Gleichgewicht an Freiheit wird unausweichlich zu einem autoritären Regierungssystem und zur Zerstörung der individuellen und gesellschaftlichen Freiheit führen. Und merken Sie sich bitte noch eins: keine Gesellschaft kann in einem Zustand des Chaos existieren. Und jedesmal, wenn das Chaos auch nur für kurze Zeit herrschte, resultierte daraus die Geburt einer tyrannischen Kontrollmacht.

Wir haben in unserem Land enorme menschliche Freiheiten genießen können. Aber gleichzeitig gründete sich diese Freiheit auf solche Formen der Regierung, Gesetzgebung, Kultur und gesellschaftlichen Moral, die dem individuellen und gesellschaftlichen Leben Stabilität verliehen und die dafür sorgten, daß unsere Freiheiten nicht in ein Chaos führten. Zwischen Ordnung und Freiheit herrscht ein Gleichgewicht, das wir als das Selbstverständlichste von der Welt ansehen. Dabei ist es überhaupt nicht selbstverständlich. Und wir sind äußerst töricht, wenn wir nicht erkennen, daß sich dieses einzigartige Gleichgewicht, das ein Erbe der reformatorischen Denkweise ist, in einer gefallenen Welt keineswegs selbst ergibt. Dies wird klar, wenn wir uns den langen Zeitraum der Geschichte ansehen. Aber genauso klar wird es, wenn wir in der Tageszeitung lesen, daß die halbe Welt totalitär unterdrückt wird.

Die Reformation brachte nicht nur eine klare Verkündigung des Evangeliums hervor, sondern sie formte auch die Gesellschaft als Ganzes – einschließlich der staatlichen

Gewalt, der Weltanschauung des Menschen und dem gesamten Spektrum der Kultur. In Nordeuropa und in den Ländern wie den Vereinigten Staaten, die im Grunde genommen nichts anderes als eine Erweiterung von Nordeuropa sind, brachte die Reformation ein enormes Anwachsen der Bibelkenntnis mit sich, das sich durch alle Gesellschaftsschichten zog. Hiermit möchte ich allerdings nicht sagen, daß die Reformation jemals ein „goldenes Zeitalter" gewesen wäre oder daß jedermann in den reformierten Ländern ein wirklicher Christ war. Aber es steht fest, daß durch die Reformation viele Menschen zu Christus geführt wurden und daß die absoluten Maßstäbe der Bibel eine weite Verbreitung in der gesamten Kultur erfuhren. Die Freiheiten, die daraus erwuchsen, waren gewaltig; und dennoch führten sie nicht zum Chaos, da die Ordnung fest im biblischen Konsens oder Ethos[6] verankert war.

Aber in den vergangenen sechzig Jahren ist etwas Entscheidendes geschehen. Die Freiheit, die sich einst auf den biblischen Konsens und eine christliche Gesinnung gründete, ist zu einer autonomen Freiheit geworden, die sich aller Zwänge entledigt hat. Hier haben wir den Zeitgeist unserer Tage – der autonome Mensch, der sich selbst zum Gott erhebt und sich dabei aller Erkenntnis sowie der moralischen und geistlichen Wahrheit widersetzt, die von Gott gegeben wurde. Hier liegt auch der Grund dafür, warum in jedem Lebensbereich ein moralischer Zusammenbruch zu verzeichnen ist. Die gigantischen Freiheiten, die wir einst genießen konnten, sind von ihren christlichen Beschränkungen abgetrennt worden und entwickeln sich zu einer zerstörerischen Gewalt, die ins Chaos mündet. Wenn so etwas geschieht, dann gibt es wirklich nur wenige Alternativen. Jegliche Moral wird relativ, die Gesetzgebung willkürlich, und die Gesellschaft bewegt sich ihrem Verfall entgegen. Im persönlichen wie im privaten Leben wird das Mitleid vom Eigennutz verdrängt. Wie ich schon in meinen früheren Büchern herausgearbeitet habe, wird mit an Sicherheit grenzender Wahrscheinlichkeit ein manipulierendes, autoritäres Regierungssystem das Vakuum ausfüllen, das dann entsteht, wenn die Erinnerung an den christlichen Konsens, der uns innerhalb der biblischen Ordnung Freiheiten gewährte, immer mehr verblaßt. Hier spielen auch die Begriffe „rechts" oder „links" kaum eine Rolle. Sie sind nur zwei Straßen, die in dieselbe Sackgasse führen; die Ergebnisse sind gleich. Eine Elite, und zwar ein autoritäres Regierungssystem, wird der Gesellschaft schrittweise eine Ordnung aufzwingen, so daß sie nicht im Chaos endet – und die meisten Menschen würden dies akzeptieren.[7]

Der Kampf, in dem wir uns befinden

Wir evangelikalen, bibelgläubigen Christen haben unsere Sache nicht gut gemacht, weil wir diese Zusammenhänge nicht durchschaut haben. Der Zeitgeist unserer Tage strebt fortwährend vorwärts; er erhebt den Anspruch der Autonomie und zerstört auf seinem Weg alles, was uns lieb und teuer ist. Hätten wir uns vor sechzig Jahren vorstellen können, daß Millionen ungeborener Kinder in unseren westlichen Ländern getötet werden würden? Oder daß wir *keine Redefreiheit* haben würden, wenn wir in den staatlichen Schulen von Gott und den biblischen Wahrheiten erzählen wollten? Oder daß jegliche Form sexueller Perversion von den Medien der Unterhaltungsindustrie gefördert werden würde? Oder daß Ehe, Kindererziehung und Familienleben angegriffen würden? Traurigerweise müssen wir gestehen, daß nur sehr wenige Christen erkannt haben, in welchem Kampf wir uns befinden. Sehr wenige haben eine eindeutige und mutige Position gegen den Zeitgeist unserer Tage bezogen, der unsere Kultur und die christliche Gesinnung zerstört, die unserem Land einst seine Gestalt gaben.

Die Heilige Schrift macht aber klar, daß wir als bibelgläubige Christen in einen Kampf einbezogen sind, der kosmische Ausmaße hat. Es ist ein Kampf auf Leben und Tod um den Geist und die Seele des Menschen, ein Kampf, der von Ewigkeitsbedeutung ist; ebenso ist dies auch ein Kampf auf Leben und Tod um das Leben auf dieser Erde. Auf der einen Ebene handelt es sich um einen geistlichen Kampf, der in den himmlischen Regionen geführt wird. Der Brief von Paulus an die Epheser liefert uns die klassische Ausdrucksweise:

> Denn unser Kampf ist nicht gegen Fleisch und Blut, sondern gegen die Gewalten, gegen die Mächte, gegen die Weltbeherrscher dieser Finsternis, gegen die Geister der Bosheit in der Himmelswelt (Epheser 6,12).

Glauben wir wirklich, daß wir uns in einem kosmischen Kampf befinden? Glauben wir wirklich, daß es „Mächte der Finsternis" gibt, die unser Zeitalter beherrschen? Glauben wir wirklich, wie der Apostel Johannes sagt, daß „die ganze Welt in der Macht des Bösen liegt" (1. Joh. 5,19)? Wenn wir diese Dinge nicht glauben (und wir müssen feststellen, daß sich ein Großteil der evangelikalen Welt so verhält, als ob er diese Dinge nicht glauben würde), dann können wir sicherlich nicht erwarten, daß wir in diesem Kampf gute Aussichten auf Erfolg haben. Warum ist das christliche Ethos unserer Kultur so vergeudet worden? Warum haben wir so wenig Einfluß auf unsere heutige Welt? Liegt das nicht daran, daß wir den eigentlichen Kampf nicht ernst genommen haben?

Und wenn wir darin versagt haben, den Kampf ernst zu nehmen, dann haben wir sicherlich auch verfehlt, die Waffen zu ergreifen, die unser Herr für uns vorgesehen hat. Wie der Apostel Paulus schreibt:

> Schließlich: Werdet stark im Herrn und in der Macht seiner Stärke! Zieht die ganze Waffenrüstung Gottes an, damit ihr gegen die Listen des Teufels bestehen könnt. (...) Deshalb

ergreift die ganze Waffenrüstung Gottes, damit ihr an dem bösen Tag widerstehen und, wenn ihr alles ausgerichtet habt, stehen könnt.

So steht nun, eure Lenden umgürtet mit Wahrheit, angetan mit dem Brustpanzer der Gerechtigkeit und beschuht an den Füßen mit der Bereitschaft (zur Verkündigung) des Evangeliums des Friedens. Bei alledem ergreift den Schild des Glaubens, mit dem ihr alle feurigen Pfeile des Bösen auslöschen könnt. Nehmt auch den Helm des Heils und das Schwert des Geistes, das ist Gottes Wort.

Mit allem Gebet und Flehen betet zu jeder Zeit im Geist, und wachet hierzu in allem Anhalten und Flehen für alle Heiligen (Epheser 6, 10.11.13–18).

Beachten Sie, daß hier nichts von dem aufgeführt wird, was die Welt für gewöhnlich als Vorgehensweise akzeptiert; aber es gibt keine andere Möglichkeit, den geistlichen Kampf in den himmlischen Regionen zu führen. Wenn wir diese Waffen nicht ergreifen, dann haben wir auch keine Hoffnung auf einen Sieg.

Der eigentliche Kampf ist ein geistlicher Kampf in den himmlischen Regionen. Dies bedeutet allerdings nicht, daß der Kampf, in dem wir uns befinden, sich im außerweltlichen Bereich oder außerhalb der Menschheitsgeschichte abspielt. Es ist ein wirklich geistlicher Kampf, aber er findet nichtsdestoweniger ebenso hier auf der Ebene in unserem eigenen Land statt, in unserem Gemeinwesen, an unseren Arbeitsplätzen, in den Schulen und sogar in unseren Häusern. Das Gegenüber des geistlichen Kampfes befindet sich in der sichtbaren Welt, in den Köpfen von Männern und Frauen und auf jedem Gebiet der menschlichen Kultur. Der himmlische Kampf wird im Bereich von Raum und Zeit auf der Bühne der Menschheitsgeschichte geführt.

Aber wenn wir den Kampf auf der Bühne der Menschheitsgeschichte gewinnen wollen, dann müssen wir uns zunächst dem geistlichen Kampf mit den Waffen stellen, die die einzig effektiven sind. Dazu benötigen wir eine lebenslange Bindung an Christus, die sich auf die Wahrheit stützt, in der Gerechtigkeit lebt und im Evangelium begründet ist. Interessanterweise stellt man fest, daß alle Waffen, die Paulus bis zu diesem Punkt aufzählt, Defensivwaffen sind. Die einzige von ihm erwähnte Offensivwaffe ist „das Schwert des Geistes, das ist Gottes Wort". Während die anderen Waffen uns dazu dienen sollen, uns gegen die Angriffe Satans zu verteidigen, ist die Bibel diejenige Waffe, mit der wir uns zusammen mit unserem Herrn in die Offensive begeben können, um die geistlichen Feinde in ihrer Gottlosigkeit zu besiegen. Aber wir müssen uns auf die Bibel als Gottes Wort berufen, und zwar *in allem, was sie lehrt* – bezüglich der Errettung genauso wie in ihren Aussagen zur Geschichte, zur Wissenschaft und zur Moral. Wenn wir auf irgendeinem dieser Gebiete Kompromisse eingehen, wie das unglücklicherweise heute bei vielen geschieht, die sich evangelikal nennen, dann zerstören wir die Kraft des Wortes Gottes und liefern uns selbst in die Hände des Feindes. Schlußendlich benötigen wir ein Leben des Gebets: „Betet zu jeder Zeit im Geist".

Auf dem Gebiet der menschlichen Geschichte ist dieser Kampf jedoch genauso wichtig. Auch hier herrscht ein fundamentaler Konflikt, der das irdische Gegenüber des himmlischen Kampfes darstellt. Dieser Konflikt nimmt zwei Formen an. Die erste hat damit zu tun, wie wir denken – mit unseren Vorstellungen und mit unserer Weltanschauung. Die zweite bezieht sich auf die Art, wie wir leben und handeln. Beide Konflikte – auf dem Gebiet des Denkens und auf dem Gebiet des Handelns – sind von Wichtigkeit; auf beiden Gebieten finden sich die bibelgläubigen Christen in einem Kampf mit der uns umgebenden Kultur unserer Tage wieder.

Die Weisheit der Welt

Der Kampf, der sich in der Welt der Gedanken abspielt, wird in den Briefen des Apostels Paulus aufs deutlichste dargestellt.[8] Wir stellen fest, daß hier ein fundamentaler Konflikt zwischen der „Weisheit dieser Welt" und der „Weisheit Gottes" besteht. So schreibt Paulus:

> Wo ist ein Weiser? Wo ein Schriftgelehrter? Wo ein Wortstreiter dieses Zeitalters? Hat nicht Gott die Weisheit der Welt zur Torheit gemacht? Denn weil ja in der Weisheit Gottes die Welt durch die Weisheit Gott nicht erkannte, hat es Gott wohlgefallen, durch die Torheit der Predigt die Glaubenden zu erretten (1. Korinther 1,20 + 21).

Und nochmals:

> Niemand betrüge sich selbst! Wenn jemand unter euch meint, weise zu sein in dieser Welt, so werde er töricht, damit er weise werde. Denn die Weisheit dieser Welt ist Torheit bei Gott; denn es steht geschrieben: „Der die Weisen fängt in ihrer List" (1. Korinther 3,18 + 19).

An dieser Stelle sollten wir zunächst einmal festhalten, daß Paulus hiermit nicht etwa sagen will, Wissen und Bildung hätten keinen Wert. Paulus selbst gehörte zu den gebildetsten Menschen seiner Zeit. Paulus spricht statt dessen von der weltlichen Weisheit, die beansprucht, in sich selbst Genüge zu haben, und die nichts von Gott und seiner Offenbarung wissen will. Diese Art der weltlichen Weisheit streicht Gott und seine Offenbarung aus ihrem Weltbild und endet dadurch in einer vollkommen verzerrten Auffassung der Wirklichkeit. Dies wird im ersten Kapitel des Briefes an die Römer klar ersichtlich, in dem Paulus schreibt:

(...) weil sie Gott kannten, ihn aber weder als Gott verherrlichten noch ihm Dank darbrachten, sondern in ihren Überlegungen in Torheit verfielen und ihr unverständiges Herz verfinstert wurde. Indem sie sich für Weise ausgaben, sind sie zu Narren geworden. (...) Darum hat Gott sie dahingegeben in den Gelüsten ihrer Herzen in Unreinheit, ihre Leiber untereinander zu schänden, sie, welche die Wahrheit Gottes in die Lüge verwandelt und dem Geschöpf Verehrung und Dienst dargebracht haben statt dem Schöpfer (...) (Römer 1,21–25).

Hier geht es um die Art und Weise, wie Menschen denken, um den Prozeß ihrer Schlußfolgerungen, um Reflexion und Einsicht. Deshalb „verfielen sie in ihren Überlegungen in Torheit und ihr unverständiges Herz wurde verfinstert. Indem sie sich für Weise ausgaben, sind sie zu Narren geworden." Wenn die Bibel von dieser Art menschlicher Torheit spricht, dann will sie damit nicht sagen, daß der Mensch nur auf religiösem Gebiet töricht ist. Hier wird vielmehr zum Ausdruck gebracht, daß der Mensch eine innere Haltung eingenommen hat, die im intellektuellen Sinne töricht ist, und zwar nicht nur in bezug auf das, was die Bibel sagt, sondern auch in bezug auf die Ansicht über das Universum mit seiner Ordnung und über das menschliche Leben. Indem der Mensch sich von Gott und der von Gott gegebenen Wahrheit abgewandt hat, ist er auf lächerliche Weise *töricht* geworden, und zwar hinsichtlich der Erkenntnis seines eigenen Wesens und der Beschaffenheit des Universums. Damit bleibt der Mensch in einer Lage zurück, in der er nicht leben kann, und er ist in einer Vielzahl intellektueller und persönlicher Spannungen verfangen.

Die Bibel sagt uns, wie der Mensch in diese Lage geriet: „weil sie Gott kannten, ihn aber weder als Gott verherrlichten noch ihm Dank darbrachten"; deshalb wurden ihr Urteilsvermögen, ihr Verstand, ja ihr Leben töricht. Dieser Abschnitt der Bibel bezieht sich auf die Ursünde, aber er handelt nicht von der Ursünde allein. Er spricht von jeder einzelnen Epoche, in der die Menschen die Wahrheit kannten und sich vorsätzlich davon abwandten.

Viele Epochen der Geschichte könnten auf diese Weise beschrieben werden. Vom biblischen Standpunkt aus gab es eine Zeit, in der die Menschen in Indien die Wahrheit kannten und sich davon abwandten, eine Zeit, in der die Vorfahren der Afrikaner die Wahrheit kannten und sich ebenfalls abwandten. Dies trifft auf alle wo auch immer lebenden Menschen zu, die die Wahrheit heutzutage nicht kennen. Aber wenn wir uns jene Zeiten der Weltgeschichte vor Augen führen, in der die Menschen die Wahrheit kannten und sich abwandten, so müssen wir mit Nachdruck betonen, daß es in der gesamten Geschichte kein offenkundigeres Beispiel dafür gibt – auch keins, das sich in einer so kurzen Zeitspanne entwickelt hat – als das unserer eigenen Generation. Wir, die wir in Nordamerika leben, haben mit eigenen Augen gesehen, wie sich die Aussagen dieses Bibelverses mit furchtbarer Wirksamkeit in unserer Generation erfüllten. Menschen unserer Zeit kannten die Wahrheit und wandten sich dennoch ab – sie verleugneten nicht nur die biblische Wahrheit, sondern wiesen auch den reichen Segen ab, den diese Wahrheit für jedes Gebiet der Kultur mit sich brachte – einschließlich des früheren Gleichgewichts von Ordnung und Freiheit.

Eine nachchristliche Kultur

Nach der Abwendung von dem gottgegebenen Wissen ist der christliche Einfluß auf die gesamte Kultur verlorengegangen. In Europa, einschließlich England, dauerte dieser Prozeß viele Jahre – in den Vereinigten Staaten nur wenige Jahrzehnte. In den USA konnten wir in der kurzen Zeitspanne von den zwanziger bis zu den sechziger Jahren beobachten, wie eine vollkommene Veränderung eintrat. Wir leben in einer nachchristlichen Welt, in der der christliche Glaube nicht mehr länger den Konsens bzw. das Ethos unserer Gesellschaft darstellt – weder in bezug auf die Anzahl der Christen noch hinsichtlich ihres Gewichts in der Kultur mit all ihren Auswirkungen.

Nehmen Sie dies nicht zu leicht! Für einen Menschen wie mich ist es eine furchtbare Sache, in die Vergangenheit zurückzuschauen und zu erkennen, wie mein Land und meine Kultur zu meinen eigenen Lebzeiten verfallen sind. Es ist schrecklich, wenn man bedenkt, daß vor sechzig Jahren überall im Lande eigentlich jedermann, auch ein Nichtchrist, das Evangelium kannte. Es ist furchtbar zu wissen, daß unsere Kultur vor fünfzig bis sechzig Jahren auf dem christlichen Konsens basierte, während dies heute überhaupt nicht mehr der Fall ist. Noch einmal möchte ich mich auf Römer 1, 21 + 22 beziehen: „(...) weil sie Gott kannten, ihn aber weder als Gott verherrlichten noch ihm Dank darbrachten, sondern in ihren Überlegungen in Torheit verfielen und ihr unverständiges Herz verfinstert wurde. Indem sie sich für Weise ausgaben, sind sie zu Narren geworden." Vers 18 berichtet uns von dem Ergebnis der Abkehr und von der Rebellion gegen die Wahrheit, die sie doch kennen: „Denn es wird geoffenbart Gottes Zorn vom Himmel her über alle Gottlosigkeit und Ungerechtigkeit der Menschen, welche die Wahrheit durch Ungerechtigkeit niederhalten." Der Mensch ist zu Recht unter dem Zorn Gottes, der wirklich lebt und der sich den Menschen gegenüber so verhält, wie es seinem Charakter entspricht; und wenn die Rechtmäßigkeit dieses Zorns gegenüber den Menschen offenkundig wird, dann in bezug auf unsere eigene Generation. Zorn kann sich entweder als Ursache und Wirkung aus dem Prozeß der Geschichte ergeben, er kann aber auch in Form einer direkten Handlung Gottes auftreten.

Wir können die nachchristliche Welt unserer Generation nur aus einer einzigen Perspektive sehen: aus dem Verständnis heraus, daß unsere Kultur und unser Land es verdienen, unter dem Zorn Gottes zu stehen. Hier nützt es nichts zu sagen, daß die USA auf eine ganz bestimmte Weise „Gottes Land" sind. Damit kann die Kluft zwischen dem heutigen Konsens und dem bis vor sechzig Jahren herrschenden christlichen Konsens nicht überbrückt werden. Seit einigen wenigen Generationen haben die Menschen die Wahrheit der Bibel und alles, was diese Wahrheit hervorgebracht hat, zerstört.[9]

Gedanken und Handlungen

Wir haben festgestellt, daß wir uns als bibelgläubige Christen in einem Kampf befinden, der sich in dem Bereich der Gedanken und Auffassungen abspielt. Aber es gibt eine direkte Parallele dazu im Bereich der Handlungen. Gedanken sind niemals neutral und abstrakt. Gedanken wirken sich auf unsere Lebensweise und auf unsere Handlungen aus, sowohl in unserem persönlichen Leben als auch in der Kultur als Ganzes. Wir können uns noch einmal auf Römer 1 besinnen, um zu sehen, wie sich diese Gedanken und Auffassungen in Form von Handlungen ausdrücken:

> Darum hat Gott sie dahingegeben in den Gelüsten ihrer Herzen in Unreinheit, ihre Leiber untereinander zu schänden. (...)
> Und wie sie es nicht für gut fanden, Gott in der Erkenntnis festzuhalten, hat Gott sie dahingegeben in einen verworfenen Sinn, zu tun, was sich nicht geziemt: erfüllt mit aller Ungerechtigkeit, Bosheit, Habsucht, Schlechtigkeit, voll von Neid, Mord, Streit, List, Tücke; Ohrenbläser, Verleumder, Gottverhaßte, Gewalttäter, Hochmütige, Prahler, Erfinder böser Dinge, den Eltern Ungehorsame, Unverständige, Treulose, ohne natürliche Liebe, Unbarm-

herzige. Obwohl sie Gottes Rechtsforderung erkennen, daß, die solches tun, des Todes würdig sind, üben sie es nicht allein aus, sondern haben auch Wohlgefallen an denen, die es tun (Römer 1,24.28–32).

Es gibt wohl kaum eine zutreffendere Beschreibung unserer eigenen, heutigen Kultur. Entschlossen nach autonomer Freiheit strebend – dem Freisein von jeglicher Einschränkung, besonders von Gottes Wahrheit und Seinen moralischen Absoluten –, hat sich unsere Kultur auf den Kurs der Selbstzerstörung begeben. Autonome Freiheiten! Wie die Stimmen unserer Zeit das herausschreien! Ich muß die Freiheit haben, das Kind in meinem Leib zu töten. Ich muß auch die Freiheit dazu haben, das neugeborene Kind zu töten, wenn ich der Meinung bin, daß das Leben des Mädchens oder des Jungen meinem Maßstab eines „guten Lebens" nicht entspricht. Ich muß die Freiheit haben, meinem Mann oder meiner Frau untreu zu werden und meine Kinder im Stich zu lassen. Ich muß die Freiheit haben, schamlose Handlungen mit Menschen meines eigenen Geschlechts zu begehen. Der letzte Vers macht einem wirklich angst, wenn wir ihn in Beziehung zu unserer eigenen, heutigen Kultur sehen: „Obwohl sie Gottes Rechtsforderung erkennen (daß nämlich die, welche solches verüben, des Todes würdig sind), üben sie es nicht allein aus, sondern haben auch Wohlgefallen an denen, die es tun."

Sollte dies noch nicht ausreichen, dann möchte ich Sie eindringlich bitten, das zweite Kapitel von 2. Petrus zu lesen. Das gesamte Kapitel zeichnet ein genaues Bild unserer Kultur, wie es nicht deutlicher sein könnte – bezüglich der Erkenntnis, die wir einmal besaßen, der Ablehnung der Wahrheit, der moralischen Entartung und bezüglich des Gerichts, das diejenigen erwartet, die die Wahrheit kannten und sich dennoch von ihr abwandten. So schließt Petrus sein Kapitel mit folgenden Worten:

Denn sie führen stolze, nichtige Reden und locken mit fleischlichen Begierden durch Ausschweifungen diejenigen an, die kaum denen entflohen sind, die im Irrtum wandeln; sie versprechen ihnen Freiheit, während sie selbst Sklaven des Verderbens sind; denn von wem jemand überwältigt ist, dem ist er auch als Sklave unterworfen. Denn wenn sie den Befleckungen der Welt durch die Erkenntnis des Herrn und Heilandes Jesus Christus entflohen sind, aber wieder in diese verwickelt und überwältigt werden, so ist für sie das letzte schlimmer geworden als das erste. Denn es wäre ihnen besser, den Weg der Gerechtigkeit nicht erkannt zu haben, als sich, nachdem sie ihn erkannt haben, wieder abzuwenden von dem ihnen überlieferten heiligen Gebot (2. Petrus 2,18–21).

Irren Sie sich nicht. Wir stehen als bibelgläubige evangelikale Christen in einem Kampf. Dies ist keine freundschaftliche Diskussion eines Mannes von Bildung. Es ist ein Kampf auf Leben und Tod zwischen den geistlichen Mächten der Bosheit und denen, die den Namen Jesu Christi geltend machen. Dieser Konflikt spielt sich auf der Gedankenebene ab, und zwar zwischen zwei fundamental entgegengesetzten Ansichten über die Wahrheit und die Realität. Es ist aber ebenso ein Konflikt auf der Ebene der Handlungen, der sich zwischen einer vollständigen moralischen Perversion, dem Chaos, und Gottes absoluten Maßstäben abspielt. Aber glauben wir wirklich daran, daß wir uns in einem Kampf auf Leben und Tod befinden? Glauben wir wirklich, daß unsere Rolle in diesem Kampf einen entscheidenden Einfluß darauf hat, ob Männer und Frauen die Ewigkeit in der Hölle verbringen werden oder nicht? Oder ob die Menschen in ihrem irdischen Leben ein sinnvolles oder ein sinnloses Leben führen? Oder ob die Menschen in einem Klima der moralischen Perversion und Degeneration leben werden? Trauriger Weise müssen wir feststellen, daß sich nur einige wenige Christen der evangelikalen

Welt so verhalten haben, wie es der Wahrheit dieser Dinge entspricht. Es käme der Wahrheit viel näher, wenn wir, statt unsere Leistungen und wachsenden Mitgliederzahlen hinauszuposaunen, gestehen würden, daß unsere Antwort auf die Zeitströmung einer Katastrophe gleichkommt.

Die Antithese der christlichen Wahrheit

Nachdem wir alles, was ich bis hierhin ausführte, noch einmal im Überblick gesehen haben, ist uns klar geworden, daß der Geist unseres Zeitalters in der autonomen Freiheit besteht – in der Freiheit von allen Einschränkungen und besonders in der Rebellion gegen Gottes Wahrheit und seine absoluten moralischen Maßstäbe. Wir haben ebenfalls gesehen, daß das Streben nach autonomer Freiheit in den letzten sechzig Jahren das christliche Ethos untergraben hat, das einst einen großen Einfluß auf die Gestaltung unserer Kultur ausübte. Wie konnte dies geschehen? In einem bestimmten Sinne können wir sagen, daß es auf die willentliche Rebellion gegen die Wahrheit Gottes und gegen die Offenbarung seines Wortes zurückzuführen ist. Aber in einem anderen Sinne sind diese Veränderungen die Auswirkung der intellektuellen und religiösen Geschichte unserer Kultur und der westlichen Welt. In mehreren meiner Bücher habe ich mich ausführlich mit dem Aufkommen des Humanismus in der westlichen Welt und mit den verheerenden Folgen beschäftigt, die der Humanismus mit sich brachte. Ich möchte Sie ermutigen, dies nachzulesen.[10] Hier möchte ich mich jedoch nur auf einen Aspekt beziehen – d. h. auf den Einfluß der Aufklärung und ihre besondere Rolle in der Umwälzung, die in den letzten sechzig Jahren in unserem Land stattgefunden hat.

Gegen Ende des 19. Jahrhunderts begann das Gedankengut der Aufklärung einen bedeutenden Einfluß auf die amerikanische Christenheit auszuüben. An dieser Stelle wird es nun wichtig, die Ansichten der Aufklärung zu begreifen, denn sie haben die Religion in Amerika bis auf den heutigen Tag beeinflußt. Die Aufklärung war eine geistige Bewegung, die in der Mitte des 17. Jahrhunderts entstand und ihre eindeutigste Ausprägung im Deutschland des 18. Jahrhunderts erfuhr. Ganz allgemein gesagt war sie eine intellektuelle Bewegung, die betonte, daß die menschliche Vernunft ausreiche und daß die Gültigkeit der traditionellen Autoritäten der Vergangenheit angezweifelt werden mußte. Es ist sehr informativ, wenn man sich einmal die exakte Definition der Aufklärung in *The Oxford Dictionary of the Christian Church* näher anschaut:

> Die Aufklärung verbindet den Widerstand gegen alle übernatürliche Religion und den Glauben an die allumfassende Fähigkeit der menschlichen Vernunft mit einem großen Verlangen, das Wohl aller Menschen in diesem Leben voranzutreiben. (...) Die meisten ihrer Vertreter (...) verwarfen das christliche Dogma und waren sowohl dem Katholizismus als auch der protestantischen Orthodoxie feindlich gesonnen, denn sie sahen diese beiden Richtungen als Mächte geistiger Blindheit an, die der Menschheit ihre rationalen Fähigkeiten raubten. (...) Ihr fundamentaler Glaube an das Gute im Menschen machte die Vertreter der Aufklärung blind für die Tatsache der Sünde und brachte einen unbekümmerten Optimismus und einen absoluten Glauben an die menschliche Gesellschaft mit sich, wenn erst einmal die Prinzipien eines aufgeklärten Verstandes erkannt werden würden. Der Geist der Aufklärung drang tief in den deutschen Protestantismus (des 19. Jahrhunderts) ein, zersetzte den Glauben an die Autorität der Bibel und förderte auf der einen Seite die Bibelkritik und auf der anderen Seite einen emotionalen „Pietismus".[11]

Dies kann in wenigen Worten zusammengefaßt werden: die zentralen Gedanken der Aufklärung stehen in totalem Widerspruch zur christlichen Wahrheit. Aber mehr noch, sie greifen Gott selbst und sein Wesen an.

Eben diese Gedanken waren es, die im ausgehenden 19. Jahrhundert die Christenheit radikal zu verändern begannen. Der Umschwung setzte insbesondere mit der Übernahme der „historisch-kritischen" Methoden ein, die in Deutschland entwickelt worden waren. Indem die neuen liberalen Theologen diese Methoden anwandten, untergruben sie vollkommen die Autorität der Bibel. Wir können für jene dankbar sein, die sich energisch gegen die neuen Methoden aussprachen und die vollständige Inspiration und die Unfehlbarkeit der Schrift verteidigten. Hier sei besonders an die großen Theologen der Princeton Universität erinnert, A. A. Hodge, B. B. Warfield und später J. Gresham Machen. Aber trotz der Bemühungen dieser Männer und Dutzender anderer bibelgläubiger christlicher Leiter und trotz der Tatsache, daß die große Mehrheit der Laienchristen wahrhaft bibelgläubig war, übernahmen diejenigen, die die liberalen Gedanken der Aufklärung und die destruktiven Methoden vertraten, innerhalb der Denominationen Macht und Kontrolle. In den dreißiger Jahren hatte sich der Liberalismus in den meisten Denominationen verbreitet, und die Schlacht war fast verloren.

Der Wendepunkt

Dann geschah etwas in der Mitte der dreißiger Jahre, von dem ich behaupten möchte, daß es den Wendepunkt unseres Jahrhunderts im Hinblick auf den Zusammenbruch unserer amerikanischen Kultur darstellt. Im Jahre 1936 hatten die Liberalen eine solche Macht über die Northern Presbyterian Church erlangt, daß sie in der Lage waren, Dr. J. Gresham Machen seines geistlichen Amtes zu entheben. Wie ich schon erwähnte, war Dr. Machen ein hervorragender Verteidiger des bibeltreuen christlichen Glaubens, wie man z. B. auch aus seinem Buch *Christianity and Liberalism*[12] ersehen kann, das 1924 veröffentlicht wurde. Dr. Machens Amtsenthebung und die darauf folgende Spaltung der Northern Presbyterian Church machte fast landesweit Schlagzeilen in der säkularen Presse und in den Medien. (Ich möchte nur anmerken, daß es so etwas heute nicht mehr gibt. In den dreißiger Jahren wurden religiöse Ereignisse noch als so wichtig erachtet, daß sie auf der Titelseite der Zeitungen erschienen.) Wenn dies auch von seiten der Herausgeber und der Programmdirektoren in weiser Voraussicht geplant war, so machte es dennoch nicht nur aus Gründen der Publikumswirksamkeit Schlagzeilen; vielmehr war dieses Ereignis zu Recht Thema Nummer eins; denn es gab das volle Ausmaß der Umwälzung an, die in der protestantischen Kirche von 1900 bis 1936 stattfand. Eben diese Umwälzung legte die Grundlage für die kulturellen, sozialen, moralischen, gesetzlichen und staatlichen Veränderungen, die bis in unsere Gegenwart hineinreichen. Ohne diese Strömung in den Denominationen hätten die Veränderungen der letzten fünfzig Jahre in unserer Gesellschaft meiner Überzeugung nach doch sehr andersartige Ergebnisse hervorgebracht, als wir sie jetzt haben. Als sich die Reformationskirchen in ihrer Ansicht änderten, wurde der Konsens der Reformation untergraben. Es spricht vieles dafür, daß die Ereignisse um Dr. Machen das Bedeutendste waren, was in der ersten Hälfte des 20. Jahrhunderts in den amerikanischen Nachrichten erschien. Es stellte den Höhepunkt eines langen Trends zum Liberalismus innerhalb der Presbyterian Church dar und verkörperte dieselbe Tendenz in den meisten der anderen Denominationen. Selbst wenn wir uns nur für Soziologie interessieren, ist es wichtig, diese Veränderung in den Kirchen und die daraus resultierende kulturelle Umwälzung hin zum nachchristlichen Konsens zu sehen, wenn wir wirklich begreifen wollen, was heute in den USA geschieht.[13] Interessanterweise kann man feststellen, daß zwischen der Entstehung der historisch-kritischen Methode mit ihrer allgemeinen Akzeptanz in Deutschland und dem Zerfall der deutschen Kultur bis hin zum Aufkommen des Totalitarismus unter Hitler eine Zeitspanne von ca. achtzig Jahren lag.

Der neue Konsens

Haben Sie jetzt begriffen, worum es in diesem Krieg der Kultur und der Gedankenwelt geht? In den vergangenen sechzig Jahren hat sich der Konsens, auf dem unsere Kultur begründet war, weit von seinem hauptsächlich christlichen Ursprung fortbewegt (hier müssen wir allerdings sofort hinzufügen, daß dieser alte Konsens weit davon entfernt war, perfekt zu sein). Er hat sich zu einem Konsens gewandelt, der aus der Aufklärung erwächst, d. h. zu einem Konsens, der in jedem Punkt in vollkommenem Gegensatz zur christlichen Wahrheit steht – einschließlich der Verneinung des Übernatürlichen –, durchdrungen vom Glauben an die allumfassende Fähigkeit der menschlichen Vernunft, der Zurückweisung des Sündenfalls, der Verneinung der Göttlichkeit Jesu Christi und seiner Auferstehung, dem Glauben an die Fähigkeit des Menschen, sich selber zu vervollkommnen, dem Willen, die Botschaft der Bibel zu zersetzen. Damit ging auch ein fast vollständiger Zusammenbruch der Moral einher. Es gibt keine Möglichkeit, eine Synthese aus diesen Auffassungen und der christlichen Wahrheit herzustellen. Sie stehen sich in totalem Widerspruch gegenüber.

In einer Anzahl meiner Bücher habe ich diesen neuen Konsens als säkularen Humanismus bezeichnet. Die Weltanschauung der Aufklärung und die Weltanschauung des säkularen Humanismus sind im wesentlichen identisch, sie haben dasselbe intellektuelle Erbe. Wir sehen hier eine allumfassende Weltanschauung vor uns, wie ich in *Ein christliches Manifest* geschrieben habe: Unsere heutigen Probleme

> entspringen einer Veränderung der Weltsicht; dies kommt durch einen grundlegenden Wandel in der gesamten Art und Weise, wie Menschen denken und die Welt und das Leben als Ganzes betrachten. Diese Veränderung entwikkelte sich *von* einer Weltsicht, die die Menschen wenigstens vage als „christlich" im Gedächtnis hatten (gerade wenn sie persönlich nicht Christen waren), *hin* zu etwas vollkommen anderem – zu einer Weltsicht, die auf der Idee basiert, daß die letzte Wirklichkeit unpersönliche Materie oder Energie in verschiedenen Erscheinungsformen durch unpersönlichen Zufall ist.[14]

Wenn wir diese Weltanschauung vertreten, dann leben wir in einem Universum, das endgültig schweigt, ohne Sinn und Ziel, ohne eine Basis für Gesetz und Moral, ohne eine Vorstellung darüber, was es heißt, Mensch zu sein, und ohne einen Maßstab für den Wert menschlichen Lebens. All dies ist dann relativ und willkürlich. Und so bleibt dem modernen Menschen nichts, womit er dieses Vakuum füllen könnte, außer Hedonismus oder Materialismus oder welcher „-ismus" auch immer gerade aktuell ist.

Anpassung

An dieser Stelle müssen wir uns als Evangelikale fragen, wo wir uns in dem Kampf für die Wahrheit und die Ethik in unserer Kultur befunden haben. Haben wir als Evangelikale an der Front für den Glauben gekämpft und uns während der letzten 40 bis 60 Jahre dem Zusammenbruch der Moral entgegengestellt? Haben wir überhaupt wahrgenommen, daß da ein Kampf stattfindet – nicht nur ein Kampf in den himmlischen Regionen, sondern ein Kampf auf Leben und Tod um das, was mit den Männern und Frauen und Kindern sowohl in diesem als auch in dem nächsten Leben geschehen wird? Wenn die Wahrheit des christlichen Glaubens tatsächlich *Wahrheit* ist, dann bildet sie einen vollkommenen Gegensatz zu den Vorstellungen und dem Unrecht unserer Zeit und muß sowohl in der Lehre als auch im praktischen Handeln in die Wirklichkeit *umgesetzt* werden. Wahrheit verlangt nach Konfrontation. Es muß eine liebevolle Konfrontation, aber nichtsdestoweniger kompromißlose Konfrontation sein.

Traurigerweise müssen wir sagen, daß dies selten geschehen ist. Der Großteil der evangelikalen Welt hat nicht aktiv in den Kampf eingegriffen – geschweige denn überhaupt gesehen, daß wir uns in einem Kampf befinden. Und wenn es um aktuelle Fragen der Zeit geht, dann hat die evangelikale Welt in den weitaus meisten Fällen nichts dazu gesagt; oder, was noch schlimmer ist, sie hat nichts anderes gesagt als das, was die Welt auch sagen würde. Hier liegt die evangelikale Katastrophe – das Versagen der evangelikalen Welt, für die Wahrheit als Wahrheit einzutreten. Für dieses Verhalten gibt es nur eine Bezeichnung – nämlich *Anpassung:* die Evangelikalen haben sich dem Zeitgeist unserer Tage angepaßt. Zuerst hat man sich im Hinblick auf das Verständnis der Heiligen Schrift angepaßt, so daß viele, die sich evangelikal nennen, die Aussage der Bibel abschwächen und nicht mehr bestätigen, daß alles, was die Bibel lehrt, Wahrheit ist – Wahrheit nicht nur auf religiösem Gebiet, sondern auch im Bereich der Wissenschaft, der Geschichte und der Ethik. Ein Teil dieses Problems manifestiert sich auch darin, daß viele Evangelikale ihre Bibelauslegung heute nach der historisch-kritischen Methode betreiben. Bedenken Sie, daß es ebendiese Methode war, die in der protestantischen Kirche Deutschlands im letzten Jahrhundert die Autorität der Bibel zerstörte, dieselbe Methode, die auch seit

Beginn unseres Jahrhunderts für die Liberalen in unserem eigenen Land die Heilige Schrift unwirksam machte. Und zweitens haben sich die Evangelikalen auch bezüglich der Beurteilung aktueller Fragen angepaßt, und zwar in so starkem Maße, daß sie nicht einmal mehr einen klaren Standpunkt zu solchen Problemen vertreten, bei denen es um Leben und Tod geht.

Diese Anpassung ist uns teuer zu stehen gekommen: erstens wurde dadurch die Macht der Bibel gebrochen, die es uns eigentlich ermöglicht, dem Zeitgeist zu widerstehen; zweitens hat sie dafür gesorgt, daß es mit unserer Kultur immer tiefer bergab geht. So müssen wir unter Tränen gestehen, daß es die evangelikale Anpassung an den Zeitgeist, an die Weisheit unseres Zeitalters ist, die die Evangelikalen davon abbringt, sich gegen den weiteren Verfall unserer Kultur zu stellen. Ich glaube fest, daß, wenn wir einmal vor Jesus stehen, wir erkennen müssen, daß die Schwäche und Anpassung der evangelikalen Gruppen in bezug auf die Fragen unserer Zeit in großem Maße dafür verantwortlich waren, daß der christliche Ethos verlorenging – ein Prozeß, der sich auf dem Gebiet der Kultur in unserem Land während der vergangenen 40 bis 60 Jahre abspielte.

Damit wir uns recht verstehen: sich dem Zeitgeist unserer Welt anzupassen bedeutet nicht weniger als die gröbste Form von Weltlichkeit im wahrsten Sinne des Wortes. Und wenn wir diese wahre Bedeutung von Weltlichkeit anwenden, dann müssen wir unter Tränen feststellen, daß die Evangelikalen – abgesehen von wenigen Ausnahmen – weltlich sind und nicht treu zu dem lebendigen Christus stehen.

Worauf kommt es wirklich an?

Zum Schluß dieses Kapitels möchte ich gerne eine letzte Frage stellen: „Worauf kommt es wirklich an?" Was ist es, das für mein Leben und für Ihr Leben so wichtig ist, daß es die Prioritäten für alles bestimmt, was wir tun? Unserem Herrn Jesus wurde ebendiese Frage gestellt, und er antwortete:

> Du sollst den Herrn, deinen Gott, lieben mit deinem ganzen Herzen und mit deiner ganzen Seele und mit deinem ganzen Verstand. Dies ist das erste Gebot. Das zweite aber ist ihm gleich: Du sollst deinen Nächsten lieben wie dich selbst. An diesen zwei Geboten hängt das ganze Gesetz und die Propheten (Matthäus 22,37–40).

Hier wird gesagt, worauf es wirklich ankommt – den Herrn, unseren Gott, zu lieben, seinen Sohn zu lieben und ihn als unseren Erlöser persönlich angenommen zu haben. Und wenn wir ihn lieben, dann tun wir das, was ihm gefällt; es bedeutet ebenfalls, sein Wesen der Heiligkeit und Liebe in unserem Leben Gestalt annehmen zu lassen; seiner Wahrheit treu zu bleiben; jeden Tag mit dem lebendigen Christus zu leben; ein Leben des Gebets zu führen.

Die andere Hälfte dessen, worauf es wirklich ankommt, besteht darin, unseren Nächsten zu lieben. Beides gehört zusammen; es kann nicht voneinander getrennt werden. „An diesen zwei Geboten hängt das ganze Gesetz und die Propheten." *Weil* wir den Herrn Jesus Christus lieben und ihn als unseren persönlichen Erlöser kennen, *müssen wir*, durch Gottes Gnade, unseren Nächsten wie uns selbst lieben. Und wenn wir unseren Nächsten so lieben, wie Christus das möchte, dann möchten wir unserem Nächsten sicherlich das Evangelium weitersagen; darüber hinaus werden wir den Wunsch haben, Gottes Liebe in *allen* unseren Beziehungen zu unserem Nächsten durchscheinen zu lassen.

Aber hier hört es nicht auf. Evangelisation ist vorrangig, aber sie stellt nicht das Ende unserer Arbeit dar und kann in der Tat nicht vom Rest des christlichen Lebens getrennt werden.[15] Wir müssen zuerst anerkennen und dann nach der Tatsache handeln, daß Christus, wenn er unser Erlöser ist, auch Herr in *allen* Lebensbereichen ist. Er ist unser Herr nicht nur in religiösen Dingen oder in kulturellen Bereichen wie den bildenden Künsten und der Musik, sondern auch Herr unseres intellektuellen Lebens, unseres Geschäftslebens, unserer Beziehung zur Gesellschaft und unserer Haltung zum moralischen Zusammenbruch unserer Kultur. Wenn wir die Herrschaft Jesu Christi anerkennen und uns der gesamten Lehre der Bibel unterstellen, dann schließt das auch ein, daß wir uns unserer Regierung und ihrer Gesetzgebung gegenüber so verhalten, wie es sich für Bürger gehört.[16] Christus die Herrschaft über unser Leben zu geben bedeutet, daß wir uns ganz direkt und praktisch gegen den Zeitgeist stellen, der unsere Welt regiert, der sich fortwährend ausbreitet und den Anspruch erhebt, autonom zu sein, indem er auf seinem Weg alles zerstört, was uns lieb und teuer ist.

Wenn wir unseren Herrn wirklich lieben, wenn wir unseren Nächsten wirklich lieben, dann wird uns das Mitleid mit der heutigen Menschheit in unserem eigenen Land und in der ganzen Welt das Herz brechen. Wir müssen alles in unserer Macht Stehende tun, um Menschen zu helfen, daß sie die Wahrheit des christlichen Glaubens erkennen und Christus als ihren Retter annehmen. Und wir dürfen es nicht zulassen, daß die Bibel durch irgendwelche Kompromisse in ihrer Autorität geschwächt wird, wie subtil die Menschen dabei auch immer vorgehen mögen. Dies gilt besonders dann, wenn diejenigen, die dies tun, sich selbst „evangelikal" nennen. Aber ebenso müssen wir uns gegen den Zeitgeist stellen, der sich in dem Zerbruch unserer Ethik und in dem furchtbaren Verlust der Menschlichkeit äußert. Dies bedeutet insbesondere, daß wir uns für das menschliche Leben einsetzen und durch unser Handeln beweisen, daß jedes Leben heilig und in sich lohnend ist – nicht nur für uns als menschliche Wesen, sondern wertvoll in Gottes Augen. Jede Person ist es wert, daß man für sie kämpft, egal, ob sie jung oder alt, krank oder gesund, Kind oder Erwachsener, geboren oder ungeboren, braun, rot, gelb, schwarz oder weiß ist.

Es ist Gottes lebensverändernde Kraft, die jedes Individuum berühren kann, das dann wiederum die Verantwortung hat, seine Umgebung mit den absoluten Aussagen der Bibel in Berührung zu bringen. Letzten Endes müssen wir erkennen, daß der Zeitgeist unserer Tage – mit all seinem Verlust an Wahrheit und Schönheit, an Mitleid und Menschlichkeit – nicht bloß eine kulturelle Krankheit ist. Es ist vielmehr eine geistliche Krankheit, die nur durch die in der Bibel geoffenbarte Wahrheit und durch Christus allein geheilt werden kann.

Die Wasserscheide der evangelikalen Welt

Die Kennzeichnung der Wasserscheide

Eine Wasserscheide

Nicht weit von unserem Wohnort in der Schweiz erhebt sich eine Gebirgskette mit einem Tal auf beiden Seiten. Einmal war ich dort, als die gesamte Gebirgskette mit Schnee bedeckt war. Die Schneedecke war völlig geschlossen, sie schien eine Einheit zu sein. Diese Einheit war jedoch eine Illusion, denn sie verlief entlang einer eindeutigen Trennwand; sie befand sich auf beiden Seiten einer „Wasserscheide". Bei der Schneeschmelze würde der eine Teil des Schneewassers in das eine Tal fließen, der direkt daneben befindliche andere Teil des Schnees würde bei seiner Schmelze in das andere Tal fließen.

Nun verhält es sich bei dieser besagten Gebirgskette so, daß der Schnee, der bei der Schmelze auf der einen Seite des Gebirges hinunterfließt, in ein Tal gelangt und sich in ein kleines Flüßchen ergießt, das wiederum in den Rhein mündet. Der Rhein fließt durch Deutschland und mündet in die kalten Gewässer der Nordsee. Das andere Schneewasser, das direkt an der Wasserscheide des Gebirgskamms auf der anderen Seite hinunterläuft, ergießt sich in einem Sturzbach über die nackten Felsen in das Rhonetal. Dieses Wasser fließt in den Genfer See – und gelangt an dessen Ende in die Rhone, die durch Frankreich fließt und in das warme Wasser des Mittelmeers mündet.

Der Schnee liegt wie eine geschlossene Decke über dieser Wasserscheide, anscheinend eine Einheit. Aber wenn er schmilzt, liegen die Ziele des Schmelzwassers buchstäblich Tausende von Kilometern voneinander entfernt. Das ist eine Wasserscheide. Das ist es, was eine Wasserscheide ausmacht. Eine Wasserscheide trennt. Man kann eine klare Trennungslinie zwischen dem ziehen, was zunächst ein und dasselbe oder doch zumindest sehr ähnlich zu sein schien, was aber in Wirklichkeit auf völlig verschiedene Situationen hinausläuft. In einer Wasserscheide liegt eine Grenzlinie.

Ein gespaltenes Haus

Was hat dieses Bild mit unserer heutigen evangelikalen Welt zu tun? Ich meine, daß es eine sehr genaue Beschreibung dessen ist, was heute passiert. Die Evangelikalen sehen sich in unseren Tagen einer Wasserscheide gegenüber, die die Natur der biblischen Inspiration und Autorität betrifft. In dieser Sache liegt eine ebensolche Wasserscheide vor wie in dem von mir beschriebenen Beispiel. Innerhalb der evangelikalen Welt gibt es eine Anzahl von Menschen, die ihre Ansichten über die Unfehlbarkeit der Bibel abändern, so daß die unumschränkte Autorität der Bibel vollständig untergraben wird. Aber dies geschieht in einer sehr spitzfindigen Art und Weise. Wie der Schnee, der Seite an Seite auf der Gebirgskette liegt, scheinen die neuen Ansichten über die Autorität der Bibel oft nicht so sehr weit von dem entfernt zu sein, was die Evangelikalen bis vor kurzem immer noch glaubten. Aber ebenso wie der Schnee, der Seite an Seite auf dem Gebirgskamm liegt, enden die neuen Ansichten schließlich, wenn man sie konsequent verfolgt, Tausende von Meilen von den alten entfernt.

Was auf den ersten Blick nur ein kleiner Unterschied zu sein scheint, wird zuletzt zu einem sehr bedeutenden Unterschied.

Es macht, wie wir wohl erwarten werden, einen großen Unterschied aus, was die Theologie, die Lehre und die geistlichen Fragen angeht, aber es entscheidet auch grundsätzlich über die alltäglichen Dinge im Leben eines Christen und über die Art, wie wir uns als Christen unserer Umwelt gegenüber zu verhalten haben. Mit anderen Worten: *wenn wir in bezug auf die unumschränkte Autorität der Bibel einen Kompromiß eingehen, dann wird dies mit der Zeit einen Einfluß darauf haben, was es im theologischen Sinne heißt, ein Christ zu sein, und dieser Kompromiß wird auch Auswirkungen darauf haben, wie wir in dem gesamten Spektrum des menschlichen Lebens unser Leben führen.*

In einem gewissen Sinne ist das Problem der unumschränkten biblischen Autorität vor nicht allzu langer Zeit schon einmal aktuell gewesen. Bis vor ca. 200 Jahren glaubte eigentlich jeder Christ an die vollständige Unfehlbarkeit der Bibel – dies wurde zwar mit anderen Worten ausgedrückt, der Inhalt aber war derselbe. Dies galt sowohl für die Zeit vor der Reformation als auch für die Zeit danach. Das Problem der vorreformatorischen Kirche des Mittelalters lag nicht so sehr darin, daß sie nicht an der Unfehlbarkeit der Bibel festgehalten hätte, sondern vielmehr darin, daß sie den gesamten Umfang unbiblischer theologischer Ansichten und den Aberglauben innerhalb der Kirche anwachsen ließ. Diese Ansichten wurden dann gleichrangig neben die Bibel gestellt, ja sogar über sie erhoben, so daß die biblische Autorität und Lehre untergeordnet wurde. Daraus erwuchs ein Mißbrauch, der schließlich zur Reformation führte. Aber beachten Sie: das Problem lag nicht darin, daß die vorreformatorische Kirche nicht an die Unfehlbarkeit der Bibel *geglaubt* hätte; es lag vielmehr darin, daß sie die Unfehlbarkeit der Heiligen Schrift nicht *praktizierte,* weil sie die Bibel ihrer eigenen kirchlichen fehlbaren Lehre unterordnete.

Daher ist es auch wichtig zu beachten, daß bis vor kurzem erstens der Glaube an die Unfehlbarkeit der Bibel (auch wenn dies nicht bis zur letzten Konsequenz ausgelebt wurde) und zweitens der Anspruch, Christ zu sein, als zwei Dinge angesehen wurden, die notwendigerweise untrennbar zusammengehörten. Wenn man Christ war, dann glaubte man der vollständigen Zuverlässigkeit von Gottes geschriebenem Wort, der Bibel. Wenn man der Bibel nicht glaubte, dann beanspruchte man auch nicht, Christ zu sein. Bis noch vor 200 Jahren versuchte niemand zu sagen: „Ich bin ein Christ, aber gleichzeitig glaube ich, daß die Bibel voller Irrtümer steckt." So unglaublich dies für die Christen in der Vergangenheit gewesen wäre, so unglaublich dies auch heute bibelgläubigen Christen erscheinen mag: genau das passiert heute in der evangelikalen Welt.

Dieses Problem, das vor ca. 200 Jahren begann, ist innerhalb der letzten zwei Jahrzehnte bei den Evangelikalen in den Vordergrund getreten. Es ist ein Problem, das ich (und andere) Mitte der sechziger Jahre öffentlich auszusprechen begann, in den siebziger Jahren wieder aufgriff und in den achtziger Jahren erneut anprangerte. Wir können dankbar für alle die sein, die eine deutliche Meinung dazu vertreten haben; wir müssen traurigerweise aber auch gestehen, daß das Problem immer noch besteht und sogar anwächst. Die evangelikale Welt ist gespalten, tief gespalten. Und es wird weder hilfreich sein noch der Wahrheit dienen, wenn dies jemand leugnet. Es ist etwas, das sich nicht einfach in Luft auflösen wird, und man kann es auch nicht unter den Teppich kehren. Meine folgenden Ausführungen erwachsen aus dem Studium, dem Denken und Beten (oft unter Tränen) in bezug auf dieses Problem, diese „Wasserscheide", mit der ich mich im Laufe meines ganzen Lebens als Christ beschäftigt habe, besonders aber, seit ich meine Reden und Schriften während der letzten beiden Jahrzehnte darauf ausrichtete. Das Folgende stellt daher eine Neuformulierung meiner Ausführungen zu der weiteren Entwicklung dar und somit den Abschluß meiner Arbeiten auf diesem Gebiet.

Die Untergrabung der Grundlagen

Es gibt heute zwei Gründe dafür, warum man eine starke und kompromißlose Ansicht über die Bibel haben sollte. In erster Linie ist dies die einzige Möglichkeit, treu zu sein gegenüber dem, was die Bibel über sich selbst lehrt, gegenüber dem, was Christus über die Bibel lehrt und gegenüber dem, was die Kirche beständig durch die Jahrhunderte hindurch aufrechterhalten hat. Dies sollte in sich schon Grund genug sein. Aber heute gibt es einen zweiten Grund, warum wir uns an eine starke, kompromißlose Ansicht über die Bibel halten sollten. Vor uns liegen schwierige Zeiten – für uns selbst und für unsere geistlichen und leiblichen Kinder. Ohne eine feste Meinung zur Bibel als Grundlage sind wir für die schwierigen Zeiten nicht gewappnet. Nur wenn die Bibel ohne Irrtum ist – nicht nur, wenn sie über die Erlösung spricht, sondern auch dann, wenn sie über die Geschichte und den Kosmos berichtet –, haben wir eine Basis für die Beantwortung von Fragen, die uns im Hinblick auf die Existenz des Universums mit seiner Ordnung und im Hinblick auf die Einzigartigkeit des Menschen gestellt werden. Ohne ein tragfähiges Fundament haben wir auch keinerlei absolute moralische Maßstäbe oder Heilsgewißheit, und die nächste Generation von Christen wird nichts haben, auf das sie sich stützen kann. Unseren geistlichen und leiblichen Kindern wird man einen Boden zurücklassen, den man ihnen unter den Füßen wegziehen kann. Sie werden keine Basis haben, auf die sie ihren Glauben und ihr Leben gründen können.

Der christliche Glaube stellt nicht mehr den Konsens für unsere Gesellschaft dar. Der christliche Glaube bestimmt auch nicht mehr den Konsens, auf dem die Rechtsprechung basiert. Hiermit möchte ich nicht sagen, daß wir jemals eine „christliche Nation" in dem Sinne waren, daß alle oder wenigstens die meisten unserer Einwohner Christen gewesen wären, auch nicht in dem Sinne, daß die Nation, ihre Gesetzgebung und ihr gesellschaftliches Leben jemals einen uneingeschränkten und vollständigen Ausdruck der christlichen Wahrheit dargestellt hätten. Es gibt in der Vergangenheit kein goldenes Zeitalter, das wir idealisieren könnten – sei es nun Amerika, die Reformation oder die frühe Kirche. Aber bis vor wenigen Jahrzehnten existierte wirklich etwas, das man zu Recht einen christlichen Konsens bzw. ein christliches Ethos nennen kann, die der westlichen Gesellschaft und den USA auf ganz unmißverständliche Weise eine spezifische Gestalt gaben. Nun ist dieser Konsens beinahe gänzlich geschwunden und die Freiheiten, die er mit sich brachte, werden vor unseren Augen zerstört. Wir befinden uns in einer Zeit, in der der Humanismus seine natürlichen Schlußfolgerungen zieht, sei es in der Ethik, in den Wertmaßstäben oder in der Gesetzgebung. Alles, was die Gesellschaft heute besitzt, sind relativistische Werte, die auf statistischen Durchschnittsberechnungen basieren oder den willkürlichen Entscheidungen jener, die die rechtliche und politische Macht besitzen.

Freiheit mit Ordnung – oder Chaos

Die Reformation mit ihrer Betonung, daß die Bibel in allem, was sie lehrt, die Offenbarung Gottes darstellt, schuf der Gesellschaft eine Freiheit und auch eine Ordnung. Daher bestanden in den Reformationsländern Freiheiten (wie die Welt sie vorher noch nie gekannt hatte), ohne daß diese Freiheiten zu einem Chaos führten – weil sowohl die Gesetze als auch die Ethik von einem Konsens umgeben waren, der auf der Lehre der Bibel beruhte. Diese Situation besteht nun nicht mehr, und wir können uns selbst und unseren geistlichen und leiblichen Kindern die heutige Gesellschaft nicht erklären, es sei denn, wir verstehen wirklich, was geschehen ist. Im Rückblick können wir sehen, daß nach 1930 der christliche Konsens in den USA zunehmend die Ansicht einer Minderheit darstellt und nicht mehr den gesellschaftlichen Konsens im Hinblick auf Moral oder Gesetzgebung ausmacht. Wir, die wir bibelgläubige Christen sind, stellen nicht länger den maßgebenden gesetzlichen und moralischen Standpunkt unserer Gesellschaft dar, und wir haben auch nicht mehr einen Einfluß auf die Formung eines Standpunktes.

Die primäre Betonung des biblischen Christentums liegt auf der Lehre, daß der unendlich-persönliche Gott die letzte Realität ist, daß er der Schöpfer all dessen ist, was existiert, und daß sich das Individuum dem heiligen Gott auf der Basis des vollendeten Werkes Christi frei nähern kann, und zwar allein auf dieser Basis. Dem vollendeten Werk Christi braucht nichts mehr hinzugefügt werden, und dem vollendeten Werk Christi *kann* nichts mehr hinzugefügt werden. Wenn aber der christliche Glaube den Konsens ausmacht, wie dies in den Reformationsländern (und bis vor wenigen Jahren auch in den Vereinigten Staaten) der Fall war, dann bringt der christliche Glaube gleichzeitig auch viele sekundäre Segnungen mit sich. Eine dieser Segnungen bestand in den gigantischen Freiheiten, ohne daß diese Freiheiten in ein Chaos mündeten, denn die *absoluten Maßstäbe* der Bibel schaffen einen Konsens, innerhalb dessen Freiheit funktionieren kann. Aber sobald der christliche Konsens abgeschafft wird, wie dies heute geschieht, entwickeln sich dieselben Freiheiten, die der Reformation entsprungen sind, zu einer zerstörerischen Kraft, die zum Chaos in der Gesellschaft führt. Deshalb begegnet uns in unserer heutigen Gesellschaft überall der Zusammenbruch der Moral – die vollständige Entwertung des menschlichen Lebens, ein totaler moralischer Relativismus und ein alles durchdringender Hedonismus.

Relativismus – oder Gottes absoluter Maßstab

Auf diesem Hintergrund stehen uns bibelgläubigen Christen oder unseren Kindern Zeiten bevor, die uns Entscheidungen abverlangen werden. Die ruhigen Zeiten der Evangelikalen gehören der Vergangenheit an, und nur ein fester Blick auf die Bibel wird es uns ermöglichen, dem alles durchdringenden Druck einer Kultur zu widerstehen, die sich auf den Relativismus und auf relativistisches Denken gründet. Wir sollten uns daran erinnern, daß es der feste Blick auf die absoluten Maßstäbe war, die der unendlich-persönliche Gott der ersten Kirche im Alten Testament gab, Maßstäbe, die sich auch in der Inkarnation des geoffenbarten Christus und in dem dann entstehenden Neuen Testament wiederfinden – daß es eben dieser feste Blick auf die absoluten Maßstäbe war, der es der frühen Kirche ermöglichte, dem Druck des römischen Imperiums zu widerstehen. Ohne diese feste Bindung an Gottes absolute Maßstäbe hätte die frühe Kirche niemals treu bleiben können angesichts der ständigen Quälereien und Verfolgungen durch das Römische Reich. Unsere heutige Situation ist dem bemerkenswert ähnlich insofern, als unsere eigene gesetzliche, moralische und soziale Struktur auf einem zunehmend antichristlichen, verweltlichten Konsens basiert.

Aber was geschieht heute in der evangelikalen Welt? Finden wir in ihr die gleiche Bindung an Gottes absolute Maßstäbe, wie sie die frühe Kirche besaß? Traurigerweise müssen wir zugeben, daß diese Bindung nicht vorhanden ist. Obwohl die Zahl derer, die sich als Evangelikale bezeichnen, weltweit – wie auch in den Vereinigten Staaten – ansteigt, steht die evangelikale Welt nicht geschlossen für einen festen Standpunkt zur Bibel ein. An dieser Stelle muß aber gesagt werden: wenn Evangelikale wirklich Evangelikale sein wollen, dann dürfen wir in unserer Bibelauffassung keinerlei Kompromisse eingehen. Es nützt überhaupt nichts, daß die Zahl der Evangelikalen immer mehr anzuwachsen scheint, wenn gleichzeitig nennenswerte Teile der evangelikalen Welt in bezug auf die Bibel nachgiebig werden.

Mit traurigem Herzen müssen wir sagen, daß an einigen Orten Seminare, Institutionen und Persönlichkeiten, die als evangelikal bekannt sind, nicht mehr länger die ganze Bibel anerkennen. Die Streitfrage ist eindeutig. Ist die Bibel wahr und unfehlbar in ihren Aussagen, auch dann, wenn sie sich auf Geschichte und Naturwissenschaft bezieht, oder hat sie in gewissem Sinne nur da etwas zu sagen, wo es um religiöse Themen geht? Das ist die Streitfrage.

Die neue Neo-Orthodoxie

Es gibt nur einen Weg, jene zu beschreiben, die nicht länger die gesamte Bibel anerkennen. Obwohl sich viele von ihnen gerne immer noch evangelikal nennen möchten, besteht die einzig richtige Beschreibung darin, ihre Ansicht zur Bibel als eine Form der neo-orthodoxen Theologie des Existentialismus zu bezeichnen. Der Kern der neo-orthodoxen Theologie des Existentialismus besteht in der Auffassung, daß die Bibel uns eine Quelle liefert, aus der wir religiöse Erlebnisse schöpfen können, aber daß die Bibel da fehlerhaft ist, wo sie Gebiete berührt, die überprüfbar sind – nämlich die Geschichte und die Wissenschaft. Unglücklicherweise müssen wir sagen, daß dieses Konzept in einigen Kreisen heute als „evangelikal" anerkannt wird. Mit anderen Worten: in diesen Kreisen wird die neo-orthodoxe Theologie des Existentialismus als „evangelikale" Lehre verkündigt.

Die Streitfrage besteht darin, ob die Bibel eine lehrsatzmäßige Wahrheit bietet (das heißt Wahrheit, die in Form von Lehrsätzen aufgestellt werden kann), wenn sie Geschichte und Naturwissenschaft anspricht, und zwar auch bezüglich der gesamten Spanne bis hin zur vorabrahamitischen Zeit, bis hin zu dem ersten der elf Genesis-Kapitel; oder ob sie statt dessen nur bedeutungsvoll ist, wenn sie solche Dinge berührt, die zum religiösen Bereich gerechnet werden. T. H. Huxley, Biologe und Freund Darwins und Großvater von Aldous und Julian Huxley, schrieb im Jahr 1890, daß er den Tag nicht weit entfernt sehe, an dem der Glaube von allen Tatsachen getrennt würde, und zwar besonders von aller vorabrahamitischen Geschichte, und daß der Glaube dann triumphal in alle Ewigkeiten fortbestehen würde. Dies ist für das Jahr 1890 eine erstaunliche Aussage, denn sie wurde gemacht, bevor die Philosophie oder die Theologie des Existentialismus entstanden. Huxley sah in der Tat eine Entwicklung klar voraus. Ich bin sicher, daß er und seine Freunde dies als eine Art Witz ansahen, denn es war ihnen wohl klar, daß ein Glaube, der von den Tatsachen und speziell von der vorabrahamitischen Geschichte in Ort und Zeit abgetrennt wird, nur eine andere Form dessen ist, was wir heute einen „Trip" nennen.

Aber unglücklicherweise sind es nicht nur die erklärten neoorthodoxen Theologen des Existentialismus, die heute die Ansicht vertreten, die T. H. Huxley vorhersah, sondern auch solche, die sich evangelikal nennen. Dies kann von seiten der Theologie kommen, indem gesagt wird, daß nicht die gesamte Bibel Offenbarung ist. Es kann aber auch von seiten der Wissenschaft kommen, indem behauptet wird, daß die Bibel wenig oder gar nichts lehrt, wenn sie sich über den Kosmos äußert. Es kann aber auch von der kulturellen Seite kommen, indem gesagt wird, daß die moralische Lehre der Bibel lediglich Ausdruck der kulturell bestimmten und relativen Situation ist, in der die Bibel geschrieben wurde, und daß diese Lehre für unsere Zeit nicht mehr maßgeblich ist.

Martin Luther sagte:

„Wenn ich auch mit der lautesten Stimme und klarsten Darlegung jedes Stück der Wahrheit Gottes bekenne mit Ausnahme genau jenes kleinen Punktes, den die Welt und der

Teufel im Moment angreifen, dann bezeuge ich nicht Christus, wie lautstark auch immer ich mich zu ihm bekenne. Die Treue eines Soldaten beweist sich da, wo gerade der Kampf wütet. Außerhalb des Kampfes an der Front standhaft zu sein ist nichts anderes als Flucht und Schande, wenn man am entscheidenden Punkt zurückweicht."

Das Festlegen einer Trennlinie

Dies ist heute eine Frage des Bibelverständnisses. Die Wasserscheide der evangelikalen Welt besteht da, wo man von der Bibel überzeugt ist oder nicht.

Zunächst muß unsere Betonung darauf liegen, daß wir liebevoll, aber eindeutig sagen: der Protestantismus ist so lange nicht konsequent evangelikal, *bis eine Trennlinie gezogen wird* zwischen denen, die die volle Autorität der Bibel anerkennen, und jenen, die dies nicht tun.

Oft wird vergessen, daß immer da, wo sich eine Wasserscheide befindet, auch eine Trennlinie beobachtet und genau festgelegt werden kann. Hätte man zum Beispiel in der Schweiz die Verantwortung dafür, die Strömungen des Wassers in elektrische Kraft umzuwandeln, dann müßte man mit großer Genauigkeit die Topographie des Landes untersuchen und markieren, wo diese Linie verläuft und wo das Wasser sich teilt und bergab fließt. Was bedeutet es in bezug auf die Wasserscheide der evangelikalen Welt, eine solche Trennlinie zu ziehen? Es heißt nichts anderes, als liebevoll sichtbar zu machen, wo diese Linie verläuft, liebevoll zu zeigen, daß sich einige auf der anderen Seite der Linie befinden, und jedermann auf beiden Seiten der Linie klarzumachen, was dies für Konsequenzen mit sich bringt.

Indem wir sichtbar machen, wo diese Linie verläuft, müssen wir auch verstehen, was dabei wirklich geschieht. Mit der Verneinung der uneingeschränkten Autorität der Bibel hat sich ein bedeutender Teil des sogenannten Protestantismus von der allgemeinen Weltanschauung oder dem Standpunkt unserer Tage infiltrieren lassen. Diese Infiltration *ist in Wirklichkeit eine Variante der Gedanken, die in den Kreisen der liberalen Theologie unter dem Namen der Neo-Orthodoxie vorherrschend waren.*

Eine innere Empfindung – oder objektive Wahrheit?

Es ist wirklich erstaunlich, wie deutlich die liberale, neo-orthodoxe Denkweise in der neuen, geschwächten Anschauung der evangelikalen Welt wiederzufinden ist. Ein Beispiel: Ich war vor einiger Zeit zusammen mit einem jungen liberalen Pastor in Milt Rosenbergs Radio-Show „Extension 720" in Chicago (WGN). Mein junger Gesprächspartner hatte seinen Abschluß an einem sehr renommierten liberal-theologischen Seminar gemacht. Das Programm war in Form einer Diskussion unter drei Partnern zusammengestellt, als eine Diskussion zwischen mir, dem liberalen Pastor und Rosenberg, der sich selbst als nicht-religiös bezeichnet. Rosenberg ist ein geschickter Diskussionsleiter. Indem er *Ein christliches Manifest* und die Frage der Abtreibung zum Diskussionspunkt erhob, drang er immer tiefer in die Meinungsverschiedenheit zwischen dem Pastor und mir ein. Der junge liberale Pastor führte Karl Barth, Niebuhr und Tillich auf, und wir diskutierten darüber. In diesem Dreiergespräch wurde immer offensichtlicher, daß der junge liberale Pastor niemals auf die Bibel Bezug nehmen konnte, ohne Einschränkungen zu machen. Und dann sagte der junge liberale Pastor: „Aber ich berufe mich auf Jesus." Ich antwortete ihm in dieser Sendung, daß er angesichts seiner Ansicht zur Bibel nicht wirklich sicher sein könnte, daß Jesus lebte. Er antwortete darauf, daß ihm ein inneres Gefühl, eine innere Empfindung sagen würde, daß Jesus wirklich gelebt habe.

Diesbezüglich hatte ich ein höchst interessantes Erlebnis. Einer der führenden Männer der abgeschwächten Bibelauffassung, der aber als evangelikal bezeichnet wird, war vor einigen Jahren in meinem Hause. Er liebt mit Sicherheit den Herrn. In einer langen, anstrengenden, aber erfreulichen Diskussion trieb ich ihn in die Enge mit der Frage, wie er denn sicher sein könne, daß Jesus Christus wirklich auferstanden ist. Er antwortete mit fast denselben Worten wie der junge liberale Pastor. Er sagte, daß er sich in bezug auf die Auferstehung sicher sei, denn dies bezeuge ihm sein Inneres. Beide antworteten sie letztendlich auf dieselbe Art und Weise.

Was ich hervorheben möchte, ist, daß ein bedeutender und einflußreicher Teil der Protestanten von einer Ansicht durchsetzt ist, die einen direkten Bezug zu der Anschauung hat, welche in den liberal-theologischen Kreisen unter dem Namen der Neo-Orthodoxie vorherrschte. Es war für mich damals besonders merkwürdig, als ich diesen Trend vor einigen Jahren beobachtete, denn das „Gott-ist-tot"-Syndrom von Niebuhr und Tillich hatte schon längst gezeigt, wo diese Entwicklung endet. Die Neo-Orthodoxie führt in eine Sackgasse mit einem toten Gott, wie die Theologie der sechziger Jahre schon bewiesen hat. Ist es nicht merkwürdig, daß die Ansichten der Neo-Orthodoxie gerade heute von einigen Evangelikalen wieder aufgegriffen werden, als ob wir genau diese Position vertreten müßten, um heutzutage „in" zu sein! Aber ebenso bezeichnend ist, daß sowohl der liberale Pastor als auch der Leiter, der sich selbst evangelikal nennt, obwohl er eine abgeschwächte Bibelauffassung vertritt, schließlich an derselben Stelle ankommen – mit keiner anderen Rechtfertigung als der eines „Zeugnisses in ihrem Innern". Sie besitzen keine letztgültige, objektive Autorität.

Dies zeigt deutlich, wie umfassend die Infiltration ist. Denn genauso, wie die neo-orthodoxen Wurzeln nur eine theologische Entsprechung der allgegenwärtigen Weltanschauung und Methodologie des Existentialismus darstellen, ist das, was in evangelikalen Kreisen als neue Sicht der Bibel ausgelegt wird, ebenso eine Infiltration durch die allgemeine Weltanschauung und Methodologie des Existentialismus. Indem der Existentialismus die subjektive menschliche Erfahrung radikal betont, untergräbt er die objektive Seite aller Existenz. Für den Existentialisten ist der Gedanke, daß wir etwas wirklich Wahres wissen können, daß es so etwas wie sichere objektive Wahrheit und absolute moralische Maßstäbe gibt, eine Illusion. Alles, was uns bleibt, ist die subjektive Erfahrung, ohne letztgültige Basis für Recht oder Unrecht, für Wahrheit oder Schönheit. Diese existentialistische Weltanschauung beherrscht die Philosophie, einen Großteil der Kunst und der allgemeinen Kultur wie den Roman, die Dichtung und die Leinwand. Obwohl dies im Denken der akademischen und philosophischen Kreise offensichtlich wird, beherrscht es ebenso die populäre Kultur. Es ist nicht möglich, den Fernseher anzustellen, die Zeitung zu lesen oder eine Illustrierte durchzublättern, ohne von der Philosophie des moralischen Relativismus, der subjektiven Erfahrung und der Verneinung der objektiven Wahrheit bombardiert zu werden. In der neuen Sicht der Bibel unter den Evangelikalen finden wir dasselbe – nämlich, daß die Bibel keine objektive Wahrheit darstellt; daß sie auf den Gebieten, die überprüfbar sind, Fehler enthält; daß sie da, wo sie die Geschichte und den Kosmos anspricht, nicht glaubwürdig ist; und daß sogar das, was sie zu Moral und Ethik lehrt, kulturell bedingt ist und nicht im absoluten Sinne akzeptiert werden kann. Dennoch betont diese neu abgeschwächte Sicht der Bibel, daß irgendwie „ein religiöses Wort" durch die Bibel hindurchdringt – was schließlich zu solchen Aussagen führt wie „man habe eine innere Empfindung", ein „inneres Angesprochensein" oder „ein inneres Zeugnis".

Eine zweigeteilte Bibel

Die beiden folgenden Zitate stellen eindeutige Beispiele für eine zweigeteilte Bibelauffassung dar. Sie stammen von zwei Männern, die in verschiedenen Erdteilen wohnen, die beide zur evangelikalen Welt gerechnet werden, aber die Auffassung vertreten, daß die Bibel im Bereich der Verstandeswelt Fehler enthält. Der erste Vertreter schreibt:

> Es gibt heutzutage einige Menschen, die die Auffassung vertreten, daß die vollständige und wörtliche Inspiration der Bibel sich nicht nur für die Unfehlbarkeit im Hinblick auf ihre erklärte Absicht verbürgt, Gottes mächtige Erlösungstaten zu erzählen und zu interpretieren, sondern daß diese Inspiration auch ihre Unfehlbarkeit sicherstellt in bezug auf jede kleinste beiläufige Erklärung oder jeden Gesichtspunkt zu solchen Dingen, die nichts mit göttlicher Offenbarung zu tun haben, wie Geologie, Meteorologie, Kosmologie, Botanik, Astronomie, Geographie etc. . . .

Mit anderen Worten: die Bibel zerfällt in zwei Hälften. Für jemanden wie mich ist dies nichts Unbekanntes – es ist mir sehr vertraut aus den Schriften von Jean-Paul Sartre, Albert Camus, Martin Heidegger, Karl Jaspers und aus der Beobachtung Tausender moderner Menschen, die die existentialistische Methodologie übernommen haben. Dieses Zitat drückt dasselbe aus, was sie auch sagen würden; es zeigt ebenfalls, wie die existentialistische Methodologie auf die Bibel angewendet wird.

In einem ähnlichen Zitat schreibt ein evangelikaler Leiter, der in einem weit von den USA entfernten Land wohnt:

> Problematischer ist meiner Einschätzung nach die von den Fundamentalisten vorgenommene Ausweitung des Prinzips der Widerspruchslosigkeit der Heiligen Schrift, indem

sie die historischen, geographischen, statistischen und andere biblische Aussagen einbeziehen, die nicht in jedem Fall die Frage der Erlösung berühren und die zum menschlichen Element der Bibel zu zählen sind.

Beide dieser Aussagen tun dasselbe. Sie führen eine Dichotomie vor; sie vollziehen eine Trennung. Sie sagen, daß die Bibel Fehler enthält, daß wir uns aber dennoch an das Bedeutungssystem, das Wertesystem und die religiösen Aussagen der Bibel halten müssen. Dies also ist die Form, in der die existentialistische Methodologie in die evangelikalen Kreise eingedrungen ist. Letztendlich trennt sie die Wahrheit der Bibel von der objektiven Welt ab und ersetzt sie durch das subjektive Erlebnis eines „inneren Zeugnisses". Dies erinnert uns besonders an den Ausdruck, den der säkulare existentialistische Philosoph Karl Jaspers geprägt hat, die „Grenzerfahrung", und an jede beliebige Anzahl anderer Ausdrücke, die in irgendeiner Form jenes Konzept unterstützen, das von der letztgültigen Autorität des inneren Zeugnisses ausgeht. In der neoorthodoxen Form, in der säkular-existentialistischen Form und in der neuen evangelikalen Form ist die Wahrheit letztlich nur etwas Subjektives.

All dies steht in krassem Gegensatz zu der historischen Sicht, die von Christus selbst vertreten wurde, und zu der historischen Sicht, die innerhalb der christlichen Kirche in bezug auf die Bibel vorherrschte, nämlich daß die Heilige Schrift objektive, absolute Wahrheit ist. Natürlich wissen wir alle, daß in unser persönliches Bibelstudium und in die kirchliche Bibelauslegung subjektive Elemente einfließen. Aber trotzdem *ist* die Bibel objektive, absolute Wahrheit auf allen Gebieten, die sie anspricht. Deshalb können wir auch wissen, daß Christus wirklich gelebt hat, daß Christus von den Toten auferstand und was sonst noch in der Bibel über ihn berichtet wird – nicht aufgrund eines subjektiven inneren Erlebnisses, sondern weil die Bibel eine objektive, absolute Wahrheit darstellt. Nur so können wir das wissen. Hiermit möchte ich keineswegs jene Erfahrungen abwerten, die auf dieser objektiven Wahrheit beruhen, aber dies ist der Weg, wie wir es wirklich wissen können: auf der Grundlage dessen, daß die Bibel objektive, absolute Wahrheit ist.

Oder, um es anders zu formulieren: die Kultur muß ständig aufgrund der Bibel beurteilt und nicht etwa die Bibel ständig der sie umgebenden Kultur unterworfen werden. Die frühe Kirche nahm die Bibel zum Maßstab, um damit die römisch-griechische Kultur ihrer Tage zu beurteilen. Die Reformation tat dies zu ihrer Zeit in bezug auf die Ende des Mittelalters auftretende Kultur. Und wir dürfen nicht vergessen, daß all die großen Erweckungsprediger dasselbe taten, als sie die Kultur ihrer Tage beurteilten. Die christliche Kirche tat dies in jeder ihrer großen Epochen in der Geschichte.

Die neue Hintertür

Um die Dinge noch weiter zu komplizieren, gibt es solche Menschen innerhalb des Protestantismus, die den Ausdruck „Unfehlbarkeit" recht gerne benutzen, aber bei näherer Betrachtung stellt sich heraus, daß sie etwas ganz anderes darunter verstehen als das, was dieser Begriff in der Geschichte für die Kirche bedeutet hat. Das Problem wird deutlich, wenn man beobachtet, was mit der 1974 verfaßten Lausanner Erklärung zur Bibel geschah. Diese Erklärung lautet:

> Wir bekräftigen die göttliche Inspiration, die gewißmachende Wahrheit und Autorität der alt- und neutestamentlichen Schriften in ihrer Gesamtheit als das einzige geschriebene Wort Gottes. Es ist ohne Irrtum in allem, was es verkündigt, und ist der einzige unfehlbare Maßstab des Glaubens und Lebens.

Auf den ersten Blick scheint diese Erklärung mit fester Überzeugung die volle Autorität der Bibel zu stützen. Aber das Problem ist durch den Satzteil „in allem, was es verkündigt" entstanden. Viele benutzen ihn als „Hintertürchen". Ich sollte wohl anmerken, daß dieser kurze Zusatz nicht Teil meines eigenen Beitrages zum Lausanner Kongreß war. Ich wußte nicht, daß dieser Satzteil in die Erklärung aufgenommen wurde, bis ich sie in gedruckter Form vor mir hatte, und ich war nicht ganz einverstanden damit. Trotzdem ist sie eine korrekte Erklärung, wenn man ehrlich mit ihren Worten umgeht. Wir möchten natürlich hiermit wiederum auch nicht sagen, daß die Bibel unfehlbar ist in bezug auf Dinge, die sie *nicht* lehrt. Ein deutliches Beispiel liegt vor, wenn die Bibel sagt: „Der Tor spricht in seinem Herzen: ,Es ist kein Gott!'" Hier lehrt die Bibel nicht, „es ist kein Gott". Dies ist nicht etwas, was die Bibel behauptet, auch wenn sie eine solche Aussage wiedergibt. Darüber hinaus sagen wir auch nicht, daß die Bibel ohne Irrtum ist in bezug auf alle die *Auffassungen,* die von Menschen auf dem Hintergrund der Bibel vertreten wurden. So ist die Aussage, wie sie in der Lausanner Erklärung erscheint, eine in sich vollkommen korrekte Aussage.

Als ich sie jedoch in gedruckter Form vor mir sah, wußte ich, daß sie mißbraucht werden würde. Unglücklicherweise ist die Aussage „in allem, was es verkündigt", von vielen als eine Hintertür benutzt worden. Auf welche Weise wurde sie zu einer Hintertür? Dies geschah durch die Anwendung der existentialistischen Methodologie, die besagt, daß die Bibel ein Wertesystem und gewisse religiöse Dinge zum Ausdruck bringt und bestätigt. Aber auf der Basis der existentialistischen Methodologie haben jene Männer und Frauen, auch wenn sie die Erklärung unterzeichnen, in ihrem Hinterkopf den Gedanken: „Aber die Bibel verkündigt nicht ohne Irrtum das, was sie auf dem Gebiet der Geschichte und des Kosmos lehrt."

Wegen der in einigen Teilen der evangelikalen Gemeinschaft weit verbreiteten Akzeptanz der existentialistischen

Methodologie ist das Wort *Unfehlbarkeit* heute ohne Bedeutung, wenn man nicht einen Nachsatz hinzufügt, wie etwa: die Bibel ist nicht nur dann unfehlbar, wenn sie von Werten, dem Bedeutungssystem und religiösen Dingen spricht, sondern auch dann, wenn sie von der Geschichte und dem Kosmos spricht. Man sollte besonders beachten, daß das Wort *Unfehlbarkeit* heute von Menschen gebraucht wird, die dies nicht auf die Gesamtheit der Bibel beziehen, sondern nur auf das Bedeutungssystem, das Wertesystem und einige religiöse Dinge, wobei jene Stellen ausgelassen werden, in denen die Bibel von Geschichte spricht und solche Aussagen macht, für die sich die Wissenschaft interessiert.

Trotz aller Fehler

Es ist nur wenige Monate her, daß ich auf ein klares Beispiel für dieses Denken aufmerksam gemacht wurde. Heutzutage erleben wir, daß dieselbe Bibelauffassung, die von den modernen liberalen Theologen vertreten wird, auch in solchen Seminaren gelehrt wird, die sich evangelikal nennen. Diese Auffassung folgt der existentialistischen Methodologie säkularer Denker, die der Meinung sind, daß die Bibel Fehler enthält, aber daß man ihr dennoch auf die eine oder andere Weise glauben muß. So erhielt ich z. B. kürzlich einen Brief von einem sehr fähigen Denker aus Großbritannien, in dem er folgendes schrieb:

> Es gibt heute viele Probleme, denen die Evangelikalen gegenüberstehen – Probleme, bei denen die Neo-Orthodoxie in bezug auf das Schriftverständnis nicht gerade eine geringe Rolle spielt. Ich studiere seit einigen Tagen am Tyndale House (ein Studienzentrum in Cambridge, England). Einige Zimmer weiter arbeitet der sehr liebenswürdige Pro-

fessor eines bekannten Seminars in Kalifornien, das sich evangelikal nennt. Dieser Professor bezeichnet sich selbst als einen „aufgeschlossenen Evangelikalen". In einer theologischen Debatte hat er öffentlich erklärt, daß er der Bibel „trotz all ihrer Fehler" glaubt.

Dieser führende Christ in England, der mir den Brief schrieb, hat vollkommen recht, wenn er das eine Neo-Orthodoxie unter evangelikalem Decknamen nennt. Ist es nicht seltsam, daß einige Evangelikale dies jetzt als etwas Progressives aufgegriffen haben, wo doch die Liberalen zu der Überzeugung kamen, daß die Neo-Orthodoxie zu der „Gott-ist-tot"-Theologie führt? Und als es vor einigen Jahren klar wurde, daß dieses und andere Seminare nichts anderes als eine Form der Neo-Orthodoxie in bezug auf die Schrift vertreten, hat da die evangelikale Leiterschaft etwa unverzüglich eine Trennlinie gezogen? Tat die evangelikale Leiterschaft sich etwa unverzüglich zusammen, um die Heilige Schrift und den Glauben zu verteidigen? Leider müssen wir sagen, daß dies nicht der Fall war. Abgesehen von einigen einzelnen Stimmen herrschte ein großes, gewaltiges Schweigen.[17]

Kulturelle Infiltration

Diejenigen, die die Aussagen der Bibel in bezug auf Geschichte und Naturwissenschaften entkräften, tun dies mit der Begründung, daß diese Aussagen der Bibel *kulturell geprägt* sind. Das heißt, daß immer da, wo die Bibel von der Geschichte und dem Kosmos spricht, nur die Ansichten wiedergegeben werden, die in der Kultur jener Tage vorherrschend waren, als dieser Teil der Bibel geschrieben wurde. Wenn z. B. die Schöpfungsgeschichte und auch Paulus eindeutig behaupten, daß Eva von Adam abstammt, dann wird gesagt, daß diese Aussage nur der allgemeinen kulturellen Vorstellung jener Tage entspringe, in der diese Bücher geschrieben wurden. Somit werden nicht nur die ersten elf Kapitel aus dem 1. Buch Mose, sondern auch das Neue Testament als etwas Relatives und nicht als etwas Absolutes angesehen.

Aber hier sollten wir uns nun darüber klar werden, daß man einen solchen Prozeß nicht in Gang setzen kann, ohne daß weitere Schritte folgen. Diese Ansichten haben sich ausgebreitet und sind auch von solchen Kreisen angenommen worden, die sich evangelikal nennen. Zwar haben sie versucht, das Wertesystem, das Bedeutungssystem und die religiösen Aussagen der Bibel aufrechtzuerhalten; aber in ihren Augen ist die Bibel lediglich vor dem Hintergrund der damaligen Kultur zu verstehen, wenn sie von der Geschichte und dem Kosmos spricht. Vor wenigen Jahren ist dem noch eine weitere Auffassung hinzugefügt worden. Neuerdings wird behauptet, daß die absoluten moralischen Maßstäbe der Bibel hinsichtlich der persönlichen Beziehungen ebenfalls von der jeweiligen Kultur der damaligen Zeit geprägt wurden. Hierzu möchte ich gerne zwei Beispiele erwähnen, obwohl man noch viele andere anführen könnte. Erstens ist es sehr leicht, sich scheiden zu lassen und sich wieder zu verheiraten. Was die Bibel in eindeutiger Weise über die Begrenzungen lehrt, die der Scheidung und Wiederverheiratung auferlegt sind, wird nun von einigen Evangelikalen in das Gebiet der kulturellen Abhängigkeit abgeschoben. Sie sagen, daß dies nur die Auffassungen jener Zeit widerspiegelt, in der das Neue Testament geschrieben wurde. Was die Bibel über diese Dinge lehrt, ist für jene Evangelikalen nur eine weitere kulturell geprägte Angelegenheit, sonst nichts. In den Kirchen gibt es Mitglieder, Älteste und Geistliche, die als evangelikal bekannt sind und die sich nicht länger an das gebunden fühlen, was die Bibel zu diesen Dingen sagt. Sie behaupten, daß alles, was die Bibel auf diesem Gebiet lehrt, nur vor dem Hintergrund der damaligen Kultur zu verstehen ist und nicht als absoluter Maßstab angesehen werden darf.

In einem zweiten Beispiel können wir feststellen, daß dasselbe mit der klaren Lehre der Bibel bezüglich der Ordnung in Familie und Kirche geschieht. Die Gebote in bezug auf diese Bereiche werden heute von einigen Sprechern und Verfassern aus sogenannten evangelikalen Kreisen ebenfalls als von der damaligen Kultur abhängig angesehen.

Mit anderen Worten: in den letzten Jahren hat sich die Situation geändert; wo man vordem noch das Wertsystem, das Bedeutungssystem und die Religion aufrechterhielt, wobei aber gleichzeitig alle Aussagen der Bibel zur Geschichte und zum Kosmos als kulturell geprägt abgetan wurden, hält man heute zwar noch am Wertsystem, am Bedeutungssystem und an den religiösen Aussagen fest; die moralischen Gebote aber werden zusammen mit den Aussagen zu Geschichte und Kosmos in einen Topf geworfen und als kulturell geprägt abgewiesen. Das Ende ist noch nicht abzusehen. Die Bibel wird zu etwas gemacht, das nur die Ansichten der sie umgebenden Kultur zu *unserem* Zeitpunkt der Geschichte nachspricht. *Die Bibel wird der Kultur unterworfen, anstatt daß die Bibel unsere Gesellschaft und Kultur beurteilt.*

Wenn die Gläubigen erst einmal begonnen haben, den Weg der existentialistischen Methodologie unter evangelikalem Decknamen zu beschreiten, dann ist die Bibel für sie nicht länger Gottes unfehlbares Wort – jeder Abschnitt der Bibel kann Schritt für Schritt zerstört werden. Wenn Christen an dieser Stelle angekommen sind, was ist dann aus der Bibel geworden? Sie ist zu dem geworden, was die liberalen Theologen in den zwanziger und dreißiger Jahren von ihr behaupteten. Wir finden uns zurückversetzt in die Tage eines Gelehrten wie J. Gresham Machen, der mit Nachdruck darauf hinwies, daß das gesamte Fundament des christlichen Glaubens im Begriff war, zerstört zu werden. Worin besteht dieses Fundament? Es besteht darin, daß der unendlich-persönliche Gott, der wirklich lebt, nicht geschwiegen hat, sondern lehrsatzmäßige Wahrheit in bezug auf *alles,* was die Bibel lehrt, ausgesprochen hat – einschließlich dessen, was die Bibel zur Geschichte, zum Kosmos, zu den absoluten moralischen Maßstäben wie auch zu den religiösen Angelegenheiten sagt.

Beachten wir aber dennoch, was das ursächliche Problem war und noch immer ist: Infiltration durch eine bestimmte Weltanschauung, die uns umgibt, und die Aberkennung der Bibel als feststehende Basis für die Beurteilung der sich ständig verändernden, gefallenen Kultur. Als Evangelikale müssen wir jederzeit wachsam sein, damit wir uns *nicht* von der sich ständig verändernden, gefallenen Kultur unterwandern lassen, sondern vielmehr diese Kultur auf der Grundlage der Bibel beurteilen.

Was macht das für einen Unterschied?

Liegt der Unterschied in der Unfehlbarkeit? In überwältigendem Maße! Der Unterschied liegt darin: weil die Bibel ist, was sie ist – nämlich Gottes Wort und deshalb Gottes absolute, objektive Wahrheit –, brauchen wir uns nicht von der ständig wechselnden, gefallenen Kultur um uns herum gefangennehmen zu lassen, und wir *sollten* ihr auch nicht ins Netz gehen. Diejenigen, die nicht an der Unfehlbarkeit der Bibel festhalten, besitzen dieses hohe Privileg nicht. In gewissem Maße sind sie der gefallenen, sich ständig ändernden Kultur ausgeliefert. Und die Heilige Schrift wird dadurch gezwungen, sich dem wechselnden Zeitgeist unterzuordnen. Deshalb haben jene Menschen auch keine zuverlässige Grundlage, nach der sie die Ansichten und Werte dieses wechselhaften Zeitgeistes beurteilen können und aufgrund derer sie Widerstand leisten können.

Vor Gott müssen wir aber umsichtig handeln. Wenn wir sagen, daß wir der Bibel als dem unfehlbaren und autoritativen „So-spricht-der-Herr" glauben, dann brauchen uns die Stürme der Veränderungen, die uns mit Verwirrung und Terror umgeben, nicht zu erschrecken. Die Münze hat jedoch auch eine andere Seite: Wenn dies wirklich das „So-spricht-der-Herr" *ist,* dann müssen wir auch danach leben. Tun wir das nicht, dann haben wir auch nicht verstanden, was wir sagten, als wir behaupteten, daß wir für die Unfehlbarkeit der Heiligen Schrift eintreten.

Ich möchte noch einmal die Frage stellen: Führt die Unfehlbarkeit wirklich zu einem Unterschied – in der Art, wie wir unser Leben im gesamten Spektrum unserer menschlichen Existenz gestalten? Traurigerweise müssen wir sagen, daß wir Evangelikalen, die wir wirklich an der vollen Autorität der Heiligen Schrift festhalten, in bezug auf unsere Lebensgestaltung oft versagt haben. Ich habe betont, daß die Unfehlbarkeit die Wasserscheide der evangelikalen Welt darstellt. Aber dies ist nicht nur eine Frage von theologischen Debatten. *Es ist der Gehorsam der Heiligen Schrift gegenüber, der die Wasserscheide darstellt! Es ist das Überzeugtsein und die Anwendung auf unser Leben,* die zeigen, ob wir tatsächlich daran glauben.

Hedonismus

Wir leben heute in einer Gesellschaft, in der alle Dinge relativ sind und in der der letztgültige Wert in dem besteht, was das Individuum oder die Gesellschaft „glücklich" macht oder was einem gerade ein momentanes Wohlgefühl vermittelt. Nicht nur der hedonistische junge Mensch tut das, was ihm gerade gefällt, sondern die Gesellschaft als Ganzes verhält sich so. Dies hat viele Aspekte, einer davon besteht in dem Zusammenbruch jeglicher Stabilität innerhalb der Gesellschaft.

Nichts steht fest, es gibt keine letztgültigen Normen; es zählt nur, was einen „glücklich" macht. Dies gilt sogar für das menschliche Leben. Die Titelgeschichte der *Newsweek* vom 11. Januar 1982 bestand aus einem sechs- oder siebenseitigen Artikel, der überzeugend darstellte, daß das menschliche Leben mit der Empfängnis beginnt. Jeder Student der Biologie hätte dies alles schon längst wissen sollen. Wenn man dann die Seiten umblättert, stößt man auf den nächsten Artikel mit der Überschrift: „Aber ist es schon eine Person?". Die Schlußfolgerung dieser Seite lautet: „Das Problem besteht nicht darin zu entscheiden, wann wirkliches menschliches Leben beginnt, sondern darin, wann der Wert dieses Lebens andere Überlegungen verdrängt, wie z. B. die Gesundheit oder sogar das Glück der Mutter." Der erschreckende Satzteil besteht in „oder sogar das Glück". Also kann und wird selbst anerkanntes menschliches Leben um des Glücks einer anderen Person willen beendet. Ohne feste Werte ist nur mein eigenes oder das momentane Glück der Gesellschaft von Bedeutung. Ich muß gestehen, daß ich nicht begreife, warum selbst die liberalen Juristen der American Civil Liberties Union an diesem Punkt nicht vom Entsetzen gepackt werden.

Es wird natürlich zunehmend akzeptiert, daß ein neugeborenes Baby immer dann, wenn es eine Familie oder die Gesellschaft vermutlich unglücklich macht, sterben darf. Sie brauchen bloß den Fernseher anzuschalten, so kommt es zunehmend wie eine Flut über Sie. Aufgrund einer solchen Ansicht erlaubten Stalin und Mao (und hier benutze ich ein sehr mildes Wort, wenn ich „erlaubten" schreibe), daß Millionen von Menschen für das starben, was Mao und Stalin als das Glück der Gesellschaft ansahen. Dies also ist der Terror, von dem die heutige Kirche umgeben ist. Das individuelle oder das gesellschaftliche Glück hat sogar den absoluten Vorrang vor dem menschlichen Leben.

Sich die Bibel gefügig machen

Der Gehorsam der Bibel gegenüber stellt die wirkliche Wasserscheide dar. Wir können erklären, daß die Bibel ohne Fehler ist, und sie dennoch zerstören, indem wir die Bibel durch unsere Lebensweise der Kultur unterwerfen, anstatt die Kultur aufgrund der Bibel zu beurteilen. Wir können heute beobachten, wie dies mehr und mehr geschieht, genauso, wie Scheidung und Wiederverheiratung immer leichter gemacht werden. Das Scheidungsrecht in vielen Bundesstaaten der USA, das nicht mehr auf dem Schuldprinzip basiert, beruht auch nicht wirklich auf Humanität oder Freundlichkeit. Vielmehr geht das Scheidungsrecht von dem Standpunkt aus, daß es kein Recht oder Unrecht gibt. Daher ist alles relativ, d. h. die Gesellschaft und das Individuum handeln nach dem, was ihnen gerade im Moment Glück verspricht.

Müssen wir dem nicht zustimmen, daß sogar ein großer Teil der evangelikalen Gemeinden, die den Anspruch erheben, von der Unfehlbarkeit der Heiligen Schrift überzeugt zu sein, die Bibel in bezug auf das Thema „Scheidung" unserer Kultur unterworfen hat, statt die Bibel über die momentanen Ansichten einer gefallenen Kultur urteilen zu lassen? Müssen wir nicht zugeben, daß auf dem Gebiet der Scheidung und Wiederverheiratung auch unter den Evangelikalen ein Mangel an biblischer Lehre und Disziplin aufgetreten ist? Wenn ich mir, im Widerspruch zur Bibel, das Recht nehme, die Familie anzugreifen – nicht die Familie im allgemeinen, sondern mit meinem Angriff den Zerbruch meiner eigenen Familie herbeiführe –, ist das nicht dasselbe wie das, was eine Mutter tut, wenn sie das Recht beansprucht, um ihres eigenen „Glückes" willen ihr eigenes Baby zu töten? Ich finde, daß es eine harte Aussage ist – aber die Infiltration durch die Gesellschaft ist ebenso eine Zerstörung der Bibel, wie sie ein theologischer Angriff auf die Bibel ist. Beides ist eine Tragödie. Beide verfälschen die Heilige Schrift, um sie der heutigen Kultur anzupassen.

Das Zeichen unserer Zeit

Was nützt es, daß der Protestantismus zahlenmäßig immer mehr zunimmt, wenn aber eine so große Zahl derer, die den Namen „evangelikal" tragen, nicht mehr an dem festhalten, was den Protestantismus evangelikal macht? Wenn dem kein Einhalt geboten wird, dann sind wir dem Anspruch der Bibel, den sie in bezug auf sich selbst erhebt, nicht treu ergeben, und wir sind auch nicht ehrlich gegenüber dem, was Jesus Christus in bezug auf die Bibel geltend macht. Aber ebenso – und das dürfen wir nie vergessen – werden wir und unsere Kinder nicht für die vor uns liegenden schweren Zeiten gewappnet sein, wenn dies so weitergeht.

Und mehr noch: wenn wir uns anpassen, sind wir nicht mehr das erlösende Salz unserer Kultur – einer Kultur, die von dem Konzept ausgeht, daß sowohl die Ethik als auch die Gesetzgebung nur eine Sache der kulturellen Prägung sind, des statistischen Durchschnitts. Dies ist das untrügliche Kennzeichen unseres Zeitalters. Und wenn wir dasselbe Kennzeichen tragen, wie können wir dann das erlösende Salz dieser kaputten, zerrissenen Generation sein, in der wir leben?

Hierin liegt also die Wasserscheide der evangelikalen Welt. Wir müssen überaus liebevoll, aber deutlich sagen: der Protestantismus ist so lange nicht konsequent, bis eine Trennlinie gezogen wird zwischen denjenigen, die der gesamten Bibel glauben, und denjenigen, die dies nicht tun. Aber erinnern Sie sich: wir sprechen nicht bloß über eine abstrakte theologische Lehre. Letztendlich macht es keinen großen Unterschied, ob man die Bibel aufgrund theologischer Infiltration relativiert oder ob man das aufgrund der Infiltration durch die uns umgebende Kultur tut. Die Wasserscheide liegt in dem Gehorsam der Heiligen Schrift gegenüber – wir müssen der Bibel nicht nur in bezug auf ihre Lehre gehorchen, sondern unseren Gehorsam in gleicher Weise dadurch dokumentieren, wie wir unser Leben führen.

Konfrontation

Wenn wir dies glauben, dann müssen wir folgendes bedenken: *Die Wahrheit bringt Konfrontation mit sich.* Die Wahrheit *verlangt* nach Konfrontation, zwar liebevoller Konfrontation, aber immer noch Konfrontation. Wenn unsere Reflexhandlungen immer zur Anpassung tendieren und wir uns nicht bewußt werden, daß es hier doch um die zentrale Wahrheit geht, dann ist irgend etwas falsch. Wenn wir etwas als heilig bezeichnen, in dem keine Liebe zu finden ist, dann ist das nicht Gottes Art von Heiligkeit, und das, was wir als Liebe bezeichnen mögen, ist nicht Gottes Art von Liebe, wenn es nicht Heiligkeit und, falls notwendig, Konfrontation beinhaltet. Gott ist heilig, und Gott ist Liebe. Unter Gebet müssen wir nein zu den theologischen Attacken auf die Bibel sagen, klar und liebevoll und mit Nachdruck. Und wir müssen nein sagen zu den Angriffen auf die Heilige Schrift, die daher rühren, daß wir in unserer Lebensweise durch den momentanen Zeitgeist infiltriert worden sind, der auf moralischem Gebiet keine Fehler mehr kennt. Auch zu diesen Dingen müssen wir nein sagen.

Die Welt unserer Tage hat keine festen Werte und Normen mehr, deshalb steht das an oberster Stelle, was die Menschen als ihr persönliches oder als das gesellschaftliche Glück ansehen. Wir teilen diese Auffassung nicht. Wir haben die unfehlbare Bibel. Wir müssen auf Christus schauen, damit wir die Kraft bekommen, uns dem ungeheuren Druck des Zeitgeistes zu widersetzen – denn an diesem Punkt ist die gesamte Kultur gegen uns – und uns ebenfalls der Infiltration der Theologie und des Lebens entgegenstellen. Wir müssen beides tun: die Unfehlbarkeit der Heiligen Schrift bekräftigen und unser persönliches Leben und unser Leben innerhalb der Gesellschaft danach ausrichten. Keiner von uns kann das in perfekter Weise tun, aber es muß in unser Denken und Leben „eingepflanzt" sein. Wenn wir dann versagen, dann müssen wir Gott um Vergebung bitten.

Gottes Wort wird nie vergehen, aber wenn wir auf die Zeiten des Alten Testaments und auf die Zeit nach Christus zurückblicken, dann müssen wir unter Tränen sagen, daß Gottes Wort aufgrund fehlender Standhaftigkeit und Treue des Volkes Gottes vielfach herabgewürdigt wurde, um es der gerade aktuellen, aber vergänglichen und sich verändernden Kultur der jeweiligen Zeit anzupassen, statt die Bibel als das unfehlbare Wort Gottes fest gegründet stehenzulassen, um den Zeitgeist und die kulturelle Umwelt der jeweiligen Epoche zu beurteilen. Im Namen des Herrn Jesus Christus: mögen unsere Kinder und Enkelkinder nicht sagen, daß man dies auch von uns behaupten kann.

Das Ausleben der Wahrheit

Wenn die Heilige Schrift durch theologische Infiltration und Kompromisse und ebenso durch kulturelle Infiltration und Kompromisse nach und nach zerstört wird, haben wir als bibelgläubige Christen dann den Mut, die Wasserscheide aufzuzeigen? Werden wir den Mut haben, eine Linie zu ziehen – und zwar öffentlich – zwischen denen, die der gesamten Bibel glauben, und denen, die theologisch und kulturell infiltriert sind? Wenn wir diesen Mut nicht haben, dann untergraben wir den Boden, auf dem unsere Kinder stehen sollen, und wir zerstören auch jede Hoffnung, das erlösende Salz und Licht unserer sterbenden Kultur sein zu können.

Wir können nicht darauf warten, daß andere diese Linie ziehen. *Wir selbst* müssen das tun. Das wird nicht leicht sein, und für viele wird dies ein großes Opfer bedeuten. Ganz bestimmt machen wir uns damit auch nicht beliebt. Aber wenn wir wirklich an den unendlich-persönlichen Gott glauben – den Gott der Heiligkeit und Liebe –, wenn wir wirklich den Herrn und sein Wort und seine Kirche lieben, dann haben wir keine andere Wahl.

Eine neue, „fundamentalistische Gesellschaft"

Als Dr. C. Everett Koop, mein Sohn Franky und ich uns mitten in den Seminaren zu dem Film des Buches *Bitte laß mich leben* befanden, geschah etwas Interessantes. Einer von uns erhielt einen Brief von einem prominenten evangelikalen Leiter. Theologisch gesehen, vertritt er einen guten Standpunkt zur Bibel, und ich persönlich mag diesen Mann gut leiden. In seinem Brief schrieb er allerdings: „Ich beobachte, wie sich eine neue Art der fundamentalistischen Gesetzlichkeit breit macht." Im weiteren erklärte er, was er damit meinte: „Dies (d. h. das Auftreten fundamentalistischer Gesetzlichkeit) war der Fall bei dem Vorstoß, nur diejenigen, die an die Unfehlbarkeit der Bibel glauben, als Evangelikale zu bezeichnen, und es ist auch der Fall bei einigen, die jetzt sagen, daß die Sache der Evangelikalen verraten wird, wenn irgend jemand irgendwelche Ausnahmen in bezug auf staatliche Fonds macht, deren Gelder für Abtreibungen zur Verfügung gestellt werden." Im Grunde genommen sagt er, daß diejenigen, die daran glauben, daß wir an der Unfehlbarkeit der Schrift festhalten müssen, um in Wahrheit Evangelikale zu sein, und auch diejenigen, die eine klare Position gegen die Abtreibung vertreten, eine „neue Art fundamentalistischer Gesetzlichkeit" zum Ausdruck bringen.

In einem bestimmten Sinne hat dieser evangelikale Leiter recht. Eine hohe Achtung der Heiligen Schrift und eine hohe Achtung des menschlichen Lebens gehen Hand in Hand. Man kann nicht demgegenüber treu sein, was die Bibel über den Wert des menschlichen Lebens lehrt, und gleichzeitig die Abtreibung befürworten. Aber auch das Gegenteil ist wahr. Theologische Infiltration in Form von Abwertung der Bibel und kulturelle Infiltration in Form von Abwertung des menschlichen Lebens gehen ebenfalls Hand in Hand. Diese beiden Punkte hat er sehr richtig miteinander verbunden.

Aber der Ausdruck „fundamentalistische Gesetzlichkeit"

birgt ein Problem. Meinen wir das, wenn wir davon sprechen, daß eine Trennlinie gezogen werden muß? Meinen wir das, wenn wir der Liebe und Heiligkeit Gottes gegenüber treu sind?

Wenn es um die herzlose, lieblose „fundamentalistische Gesetzlichkeit" geht, die einigen von uns von der Vergangenheit her so gut bekannt ist, dann besteht gar kein Zweifel darüber, daß wir dies nicht wollen, und wir verwerfen es im Namen Christi. Die Liebe Gottes und die Heiligkeit Gottes müssen immer gleichzeitig offenbar werden. Und wenn irgend jemand auf die schiefe Bahn geraten ist und wieder umkehrt, dann sollten wir uns nicht stolz damit brüsten, daß wir ja doch recht hatten, sondern es sollte vielmehr Freude herrschen, es sollten Lieder gespielt werden, fröhliche Musik, jubelnde Musik; es sollten Jubellieder gesungen werden und, wie ich hinzufügen möchte, es sollte sogar auf den Straßen getanzt werden für den Fall, daß eine wahre Umkehr stattgefunden hat.

Noch einmal: wenn der Begriff „fundamentalistische Gesetzlichkeit" bedeutet, daß den Geisteswissenschaften wenig Wert beigemessen wird, wie das unglücklicherweise so oft der Fall gewesen ist, wenn verkannt wird, daß der Intellekt wichtig ist, daß menschliche Kreativität, von Christen und Nichtchristen hervorgebracht, es wert ist, daß man sich intensiv mit ihr beschäftigt; wenn er bedeutet, daß alles Wissenschaftliche herabgewürdigt wird; wenn er bedeutet, daß die Herrschaft Jesu Christi über alle Lebensbereiche heruntergespielt wird – dann bezeugen meine über 40 Jahre lange Arbeit und alle meine Bücher und meine Filme, daß ich dies ablehne.

Aber noch einmal: wenn der Begriff der „fundamentalistischen Gesetzlichkeit" bedeutet, daß primäre und sekundäre Punkte der Lehre und des Lebens durcheinandergeworfen werden, dann sollte dies auch abgelehnt werden.

Liebe und Heiligkeit

Nachdem dies alles nun gesagt worden ist und wir auf die zentralen Punkte der Lehre und des Lebens zu sprechen kommen, muß etwas ganz Bestimmtes eingehend bedacht werden. Wie ich gegen Ende des letzten Kapitels erwähnte, bringt Wahrheit Konfrontation mit sich – liebevolle Konfrontation, aber nichtsdestoweniger Konfrontation. Und wenn unsere Reflexhandlungen immer auf Anpassung hinauslaufen, ohne daß wir bedenken, daß es hier um das zentrale Thema der Wahrheit geht, dann läuft etwas vollkommen falsch. Wenn wir das Wort *Liebe* als Entschuldigung benutzen, um so einer notwendigen Konfrontation aus dem Wege zu gehen, dann haben wir damit die Heiligkeit Gottes verleugnet und darin versagt, ihm und seiner wahren Persönlichkeit gegenüber treu zu sein. In Wirklichkeit haben wir damit Gott verleugnet.

Man kann sich kaum vorstellen, wie weit die Dinge sich in nur wenigen Jahren entwickelt haben. Irgend etwas stimmt da wirklich nicht, wenn ein Bibellehrer einer bekannten evangelikalen Hochschule lehrt, daß einer der Evangelienschreiber einfach einige der Geschichten über Jesu Geburt erfunden habe und daß einige Aussagen Jesu, die in den Evangelien berichtet werden, überhaupt nicht von Jesus stammen, sondern später von einigen Leuten ausgedacht wurden. Etwas läuft grundverkehrt, wenn viele evangelikale Schulen und evangelikale Professoren sich bei der Bibelauslegung der historisch-kritischen Methode bedienen – waren es doch eben diese Methoden, die vor 80–100 Jahren in der liberalen Kirche die Heilige Schrift unwirksam machten. Irgend etwas ist grundverkehrt, wenn sich der Vorsitzende der Fachabteilung Philosophie und Ethik eines bekannten christlichen Colleges für die Abtreibung ausspricht. Es läuft etwas grundverkehrt, wenn ein führender Evangelikaler seine Auffassung über die uneingeschränkte Autorität der Bibel ändert, der neo-orthodoxen existentialistischen Methode zustimmt und diejenigen lächerlich macht, die die uneingeschränkte Autorität der Bibel aufrechterhalten, indem er sie „fundamentalistische Bildungsfeinde"[18] nennt.

Wie sollten wir darauf reagieren, wenn es in Wirklichkeit darum geht, daß das Evangelium auf dem Spiel steht? Und mehr noch, wenn die Zukunft unserer Kultur und das Leben von Millionen Menschen vor der Zerstörung steht?

Damit wir wirklich bibelgläubige Christen sein können, müssen wir bei jedem unserer Schritte zwei biblische Prinzipien *gleichzeitig* anwenden. Ein Prinzip ist das der Reinheit des Leibes Christi, der sichtbaren Kirche. Die Bibel verlangt, daß wir mehr tun sollen, als bloß über die Reinheit der Kirche zu sprechen, wir müssen sie vielmehr ausleben, auch wenn das Opfer verlangt.

Das zweite Prinzip ist das einer sichtbar werdenden Liebe unter allen wahren Christen. Leben wir fleischlich, dann können wir die Reinheit betonen, ohne daß wir Liebe üben – oder wir können die Liebe betonen, ohne die Reinheit zu beachten, wir können aber nicht beides gleichzeitig betonen. Wollen wir jedoch beides praktizieren, dann müssen wir Augenblick für Augenblick auf das Werk Christi und das Werk des Heiligen Geistes blicken. Ohne das führt die Betonung der Reinheit zu Härte, Stolz und Gesetzlichkeit, ebenso wie die Betonung der Liebe zu bloßen Kompromissen führt. Geistliches Leben erhält dann seine wahre Bedeutung für unser Leben, wenn wir gleichzeitig die Heiligkeit Gottes und die Liebe Gottes offenbar werden lassen. Dies werden wir nie in perfekter Weise tun können, aber wir müssen auf den lebendigen Christus blicken, damit er uns hilft, aufrichtig zu handeln. Ohne dieses gleichzeitige Offenbarmachen der Liebe und der Heiligkeit verkündigen wir nicht unseren wunderbaren Gott und Herrn, vielmehr zeichnen wir eher eine Karikatur von Gott und verunehren ihn.

Was stand auf dem Spiel?

Hier ist die Basis dafür, wie wir heute verantwortlich handeln sollten. Aber wenn wir wirklich wissen wollen, wie wir diese Prinzipien in der gegenwärtigen religiösen Situation anwenden können, dann müssen wir verstehen, was in den frühen Jahrzehnten dieses Jahrhunderts geschah. Dies haben wir in Kapitel 1 schon kurz angesprochen, aber jetzt müssen wir uns dem noch sehr viel ausführlicher widmen. Während jener Zeit hat eine ganze Kette von Ereignissen stattgefunden, deren Auswirkungen die Kirche bis auf den heutigen Tag geprägt haben. Dies wird auch noch für kommende Generationen spürbar sein. Es geschah zu einer Zeit, in der sich die Denominationen mitten in einem Konflikt befanden, der oft der modernistische/fundamentalistische Konflikt genannt wird. Aber ich zögere, diese Begriffe überhaupt zu benutzen, weil die meisten Menschen ein sehr falsches Verständnis von diesem Konflikt haben, besonders, was die totale und willkürliche Verzerrung des Wortes *fundamentalistisch* anbetrifft.

Gegen Ende des 19. und zu Anfang des 20. Jahrhunderts überschwemmten die Gedanken der deutschen liberalen Theologie unser Land. Diese Gedanken erwuchsen aus der deutschen und westeuropäischen Philosophie jener Zeit, die im Prinzip nichts anderes darstellte als den Versuch, die Gedanken der Aufklärung mit der Theologie zu verquicken und somit eine „moderne" Auffassung über die Religion zu erzielen, die sich von dem „unwissenschaftlichen Aberglauben" der Vergangenheit abhebt. Aber hier gibt es ein Problem: die vorrangigen Themen der Aufklärung bilden, wie wir in Kapitel 1 gesehen haben, einen vollkommenen Gegensatz zur christlichen Wahrheit. Die Aufklärung hielt sich an das grundsätzlich Gute der menschlichen Natur und glaubte an die Vervollkommnungsfähigkeit der menschlichen Gesellschaft. Als diese Vorstellungen gegen Ende des 19. Jahrhunderts die USA erreichten, waren sie schon tief in den deutschen Protestantismus eingedrungen und zersetzten durch die „historisch-kritische" Methode den Glauben an die Bibel.[19] Später gelangten diese Gedanken auch in Teile der römisch-katholischen Kirche.

In den frühen Jahren unseres Jahrhunderts überschwemmte diese neue liberale Theologie die USA wie eine Flut. Die meisten der großen protestantischen Denominationen wurden, eine nach der anderen, umgeworfen wie eine Reihe von Kegeln, als sie von der liberalen Theologie vereinnahmt wurden. Aber was stand wirklich auf dem Spiel? Es war das Evangelium selbst. Hiermit meine ich nicht unbedeutende Varianten der Interpretation zweitrangiger Lehraussagen. Wir sprechen auch nicht über Unterschiede zwischen den Denominationen. Die Dinge, die von den Liberalen verneint wurden, bilden das Herzstück des christlichen Glaubens – die Autorität der Bibel, die Göttlichkeit Christi, die Bedeutung der Erlösung. Harry Emerson Fosdick, Pastor der First Presbyterian Church von New York und einer der einflußreichsten Sprecher des Modernismus, bot ein gutes Beispiel. In seiner berühmten Predigt mit dem Thema „Werden die Fundamentalisten gewinnen?", die er 1922 hielt, erklärte er, was ein Liberaler meint, wenn er von der Wiederkunft Christi spricht. Die Liberalen, so predigte Fosdick, sagen:

„Christus kommt!" Sie sagen dies aus tiefstem Herzen; aber sie *denken dabei nicht an ein äußerliches Kommen in den Wolken.* Sie haben das erheiternde Verständnis, das uns die früheren Generationen überliefert haben, *abgelegt und setzen sein Kommen mit der Entwicklung (d. h. mit modernem Fortschritt) gleich.* (...) Wenn sie sagen, daß Christus kommt, dann meinen sie, daß sich langsam, aber sicher, *sein Wille und seine Prinzipien (...) innerhalb der menschlichen Institutionen entwickeln werden.*[20]

Hier haben wir das, was auf dem Spiel steht – die Verleugnung des Werkes Christi und die tatsächliche Wiederkunft Christi; die „neue Offenbarung" des modernen Denkens, das die Bibel ersetzt; Erlösung in Form von modernem Fortschritt der menschlichen Institutionen. Dies ist nichts anderes als eine ketzerische Verleugnung des Evangeliums, diese Auffassung steht in direktem Zusammenhang mit der Ansicht der Aufklärung, die von der Vervollkommnungsfähigkeit des Menschen ausgeht.

Die Verteidigung des Glaubens

Als Antwort auf die Welle des Liberalismus, die in den ersten drei Jahrzehnten dieses Jahrhunderts die Denominationen überschwemmte, haben bibelgläubige Christen versucht, eine geistliche Verteidigung der christlichen Wahrheit aufzubauen. Auch hierüber sind die allgemeinen Vorstellungen heute furchtbar verzerrt. Diese Verteidigung wurde von einigen der größten Denker und Gelehrten der damaligen Zeit angeführt – von solchen Männern wie Benjamin B. Warfield, James Orr, W. H. Griffith Thomas und G. Campbell Morgan. Der Schlüssel der Verteidigungsstrategie bestand in der Veröffentlichung einer zwölf Bände umfassenden Taschenbuchreihe in den Jahren 1910 bis 1915, *The Fundamentals,* die später, gegen Ende jenes Jahrzehnts, in einer vier Bände umfassenden Ausgabe neu herausgegeben wurde. Wie ein christlicher Historiker kürzlich hervorhob, wurde diese Reihe als „ein großes ‚Zeugnis für die Wahrheit'" veröffentlicht und war „sogar so etwas wie eine gelehrte *tour de force* (...) (zu der) ein ziemlich gewaltiges Aufgebot konservativer amerikanischer und britischer Gelehrter zusammenkam (...)."[21] Da war auch Dr. J. Gresham Machen, der verdiente Professor für das Neue Testament an der theologischen Fakultät von Princeton. Im Jahre 1923 veröffentlichte Dr. Machen sein Buch *Christianity and Liberalism*. In seiner brillanten Verteidigung für die christliche Wahrheit argumentierte Dr. Machen, daß der Liberalismus in Wirklichkeit eine neue Religion ist und nichts mit dem christlichen Glauben zu tun hat. Der Liberalismus glaubt weder an die Tatsache, daß Christus einen wirklichen, geschichtlichen Tod starb, um die Sünden der Menschheit zu sühnen, noch, daß dies die einzige Grundlage für die Erlösung ist. Deshalb war der Liberalismus in Wirklichkeit ein religiöser Glaube an den Menschen, nur daß der Liberalismus sich dabei einer christlichen Sprache und christlicher Symbole bediente. Deshalb, so erklärte Dr. Machen, bestand das einzig Ehrliche, was die Liberalen tun konnten, darin, diejenigen Kirchen zu verlassen, die sich auf die biblische Wahrheit gründeten.[22]

Das Herzstück der Verteidigung bestand in der nachdrücklichen Bestätigung der „wesentlichen Grundlagen des Glaubens" durch eine breite Basis christlicher Laien und in deren Verteidigung durch führende christliche Gelehrte. Die Grundlagen selbst werden für gewöhnlich in fünf wesentliche Wahrheiten zusammengefaßt: 1. die Inspiration und Unfehlbarkeit der Bibel; 2. die Göttlichkeit Christi und seine Jungfrauengeburt; 3. das stellvertretende Sühneopfer durch Christi Tod; 4. die wirkliche Auferstehung Christi von den Toten; und 5. die wirkliche Wiederkunft Christi.

Zwei Gruppen

Als bibelgläubige Christen unserer Tage haben wir nichts, weswegen wir uns schämen müßten, wenn wir an die frühen „fundamentalistischen" Versuche zur Verteidigung der Wahrheit des Evangeliums denken. Denn die spezifischen Lehrmeinungen, die in Form der *Fundamentals,* der Grundlagen, verteidigt wurden, sind schon jahrhundertelang bestätigt worden. Und diejenigen, die sie verteidigt haben, waren christliche Gelehrte höchsten Ranges. Aber dann, in den dreißiger Jahren, setzte eine Veränderung ein. Vor den dreißiger Jahren unseres Jahrhunderts bildeten die bibelgläubigen Christen immer einen festen Zusammenhalt, wenn die Liberalen kamen, um die Kirchen an sich zu reißen. Dann aber gelang den Liberalen mit mehr oder weniger großer Geschwindigkeit ihr Raubzug durch die verschiedenen Denominationen, indem sie die Kontrolle über die verschiedenen Machtzentren der Seminare und der Bürokratie erlangten. Von diesem Zeitpunkt an teilten sich die bibelgläubigen Christen, anstatt zusammenzuhalten, in zwei Gruppen auf: in diejenigen, die am Prinzip der Reinheit des Leibes Christi, d. h. der Kirche, festhielten, und in diejenigen, die das Konzept einer pluralistischen Kirche akzeptierten und danach handelten. Hier also war die Trennlinie der beiden Gruppen. Diese Linie bildete sich damals in den dreißiger Jahren, sie setzte sich fort und kennzeichnete auf schmerzliche Art und Weise bis heute das religiöse Leben der Vereinigten Staaten. Auf der einen Seite stehen diejenigen, die am Prinzip der Reinheit der Kirche festhalten, und auf der anderen Seite stehen diejenigen, die das Konzept der pluralistischen Kirche akzeptieren. Blicken wir auf den Zeitraum all der Jahre zurück, dann können wir sehen, daß es auf beiden Seiten Probleme gab.

Wenn wir zunächst einmal diejenigen betrachten, die an der Reinheit der Kirche festgehalten haben und die liberalen Denominationen verließen, dann müssen wir zugeben, daß da oft Härte war, ein Mangel an Liebe. Es hätte nicht so kommen müssen, aber es wurde ein Fehler gemacht, der die „Separatistenbewegung" auf Jahre hinaus brandmarkte. Was in der Presbyterian Church (dem nördlichen Zweig der Presbyterian Church) in den Vereinigten Staaten geschah, war typisch für das, was sich in den meisten Denominationen ereignete. Vor der Spaltung gab es viele, die sagten, daß sie eine Übernahme durch die Liberalen nicht zulassen würden. Als aber dann der Zeitpunkt kam, blieben viele von ihnen doch in ihren Denominationen. Es entspricht wohl den Tatsachen, wenn man sagt, daß diejenigen, die aus ihren Denominationen austraten, sich verlassen und verraten fühlten – wobei wir hier zunächst nicht über ihre Motivation urteilen wollen. Einige von denen, die in der Northern Presbyterian Church blieben, drängten darauf, daß die Constitutional Convention Union – der Träger all ihrer vormaligen Zusammenarbeit – nicht aufgelöst werden sollte, damit diejenigen, die ihre Denominationen verließen, und diejenigen, die dies nicht taten, auch weiterhin zusammenarbeiten konnten. Aber die, die ihre Denominationen verließen, lösten in ihrer Verbitterung und vielleicht auch mit gewissem Zorn sofort die Constitutional Convention Union auf. Alle Beziehungen, die als praktisches Beispiel der sichtbaren Liebe unter Brüdern hätten dienen können, waren zerstört. Statt sich mit den Liberalen auseinanderzusetzen, neigten diejenigen, die ihre Denominationen verlassen hatten, dazu, in ihren Zeitschriften den Angriffen auf die Personen mehr Raum zu gewähren, die in bezug auf die Spaltung anderer Meinung waren. Es wurden Dinge gesagt, die man bis heute nicht vergessen kann. Diejenigen, die aus ihren Kirchen ausgetreten waren, weigerten sich zeitweise sogar, mit denen zu beten, die in ihrer Kirche geblieben waren. Viele, die ihre Denominationen verließen, brachen alle Formen der Gemeinschaft mit wahren Brüdern in Christus ab, weil diese nicht aus ihren Kirchen ausgetreten waren. Das Gebot Christi, einander zu lieben, wurde nicht beachtet. Übrig blieb oft nur noch ein Sich-Absondern in die eigenen Kreise, Selbstgerechtigkeit und Härte. Oft blieb der Eindruck zurück, daß diejenigen, die sich von ihrer Denomination getrennt hatten, durch ihren Austritt so „gerecht" geworden waren, daß sie sich danach fast alles erlauben konnten. Und nachdem sie sich zunächst einmal an diese schlechten Verhaltensweisen gewöhnt hatten, behandelten sie sich auch später untereinander schlecht, als sie innerhalb ihrer neu entstandenen Gruppen kleinere Meinungsverschiedenheiten hatten.

Die Berufung des Christen

Inmitten des Ärgers, der Frustration und sogar der Selbstgerechtigkeit vergaßen diejenigen, die ihren Austritt erklärt hatten, was unsere Berufung als Christen ausmacht. Unsere Berufung ist es, die Existenz Gottes und sein Wesen zu verdeutlichen. Dies ist nicht nur eine individuelle Aufgabe, sondern unsere Kollektivberufung. Gott ist heilig, und Gott ist Liebe. Demgemäß ist es unsere Berufung, in jedem Bereich unseres Lebens Gottes Heiligkeit und Liebe zu verkündigen – als Eltern und Kind, als Ehemann und Ehefrau, in der Geschäftswelt, in unseren christlichen Organisationen, in der Kirche, in der Regierung – in allem ein Beweis von Gottes Wesen zu sein, indem wir gleichzeitig seine Liebe und Heiligkeit verkündigen. Wenn wir uns auf uns selbst verlassen, statt dem Werk des Heiligen Geistes zu vertrauen, dann können wir zwar schnell behaupten, Gottes Heiligkeit zu demonstrieren, aber in Wirklichkeit offenbaren wir nichts anderes als Härte und egoistische Selbstzufriedenheit. Leben wir fleischlich, statt dem Heiligen Geist zu vertrauen, dann können wir ebenso leicht von Liebe reden und zeigen doch nichts anderes als egoistische Kompromißbereitschaft, Freidenkertum und Anpassung. Diese beiden Haltungen in fleischlicher Gesinnung auszuleben fällt uns überhaupt nicht schwer. Beides ist gleich egoistisch. Um wirklich gleichzeitig Gottes Heiligkeit und Liebe verkünden zu können, und zwar sowohl in persönlichen Angelegenheiten als auch in der Kirche und im öffentlichen Leben, müssen wir uns bewußt beugen, unser selbstsüchtiges Ich verleugnen und Christus erlauben, seine Frucht durch uns hervorzubringen – nicht nur in Form einer „religiösen" Behauptung, sondern mit einer fortwährenden praktischen Umsetzung.

Wann immer es notwendig wird, zur Verteidigung einer zentralen christlichen Wahrheit eine Trennlinie zu ziehen, besteht sehr schnell die Gefahr, stolz und hart zu werden. Es ist so leicht, selbstgerecht zu sein und selbstgerecht anzunehmen, daß wir in unserer Meinung ja richtig liegen, daß damit alles andere entschuldigt werden kann – dies ist einfach, man verfällt leicht in diese Haltung. Diese Fehler wurden tatsächlich begangen, wir haben seit mehr als fünfzig Jahren darunter zu leiden gehabt, wie auch die Sache Jesu Christi darunter gelitten hat. Bei der Gnade Gottes: lassen Sie uns bewußt auf den Herrn und Seine Hilfe schauen, damit wir nicht dem Satan den Sieg überlassen, indem wir wieder in den gleichen tragischen Fehler verfallen.

Die wirkliche Kluft

Ein zweites Problem derjenigen, die die Presbyterian Church verließen, bestand darin, daß eine große Verwirrung darüber herrschte, wo die Kluft abzugrenzen ist, die zu unserer Identitätswahrung dient. Befindet sich die Kluft zwischen den bibeltreuen Kirchen und den Denominationen, die sich nicht mehr an die Bibel halten? Oder befindet sie sich zwischen denjenigen, die zu unserer eigenen Denomination gehören, und denen, die nicht dazu gehören? Wenn wir in eine Stadt ziehen, um dort eine Gemeinde zu gründen, tun wir das dann in erster Linie deshalb, um eine Gemeinde aufzubauen, die dem Presbyterianismus und dem reformierten Glauben gegenüber loyal ist oder die sich an die baptistische Einstellung zur Taufe hält oder die die lutherische Ansicht zu den Sakramenten teilt etc., etc.? Oder gehen wir hin, um eine Gemeinde zu bauen, die das Evangelium der historischen, bibelgläubigen Kirchen aller Denominationen teilt, um dann auch diesseits der Kluft zu lehren, was wir aufgrund der Bibel glauben, auch in bezug auf unsere eigenen konfessionellen Unterschiede? Der große Unterschied liegt darin, wie wir auf diese Fragen antworten. Der Unterschied liegt in der Motivation, in der Breite und in der Reichweite. Der eine Ansatz ist weltumspannend und biblisch und läßt auf Erfolg hoffen – und zwar auf zwei Ebenen: zunächst in bezug auf das Gemeindewachstum und eine gesunde Einstellung bei denen, die wir erreichen; zweitens in bezug auf die Bildung einer Leiterschaft für die gesamte Kirche Christi. Der andere Ansatz ist verdreht, einengend und – sektiererisch.

Als bibelgläubige Christen sind wir oft geistlich ganz unterschiedlich geprägt, aber in diesem Augenblick der Geschichte brauchen wir einander. Wir sollten unsere dogmatischen Unterschiede ruhig beibehalten. Laßt uns miteinander über sie sprechen. Aber laßt uns auch die angemessene Rangfolge der Dinge erkennen. Die wirkliche Kluft besteht nicht zwischen Presbyterianern und allen übrigen oder zwischen Lutheranern und allen übrigen oder Baptisten und allen übrigen. Die wirkliche Kluft befindet sich zwischen denen, die sich vor dem lebendigen Gott und damit auch vor der verbalen, lehrsatzmäßigen Kommunikation seines unfehlbaren Wortes, der Bibel, beugen, und zwischen denjenigen, die dies nicht tun.

Freidenkertum

Nun zu denen, die die vor fünfzig Jahren unter liberale Führung gekommenen Denominationen nicht verlassen haben: auch sie hatten zwei große Probleme. Zunächst wurde ein allgemeines Freidenkertum geboren – eine Art Akzeptanz des theologischen Pluralismus, die sehr leicht in Kompromiß und

Anpassung abgleitet. Wo diejenigen, die ihre Denominationen verließen, dazu neigten, hart zu werden, da neigten diejenigen, die in ihren Denominationen blieben, dazu, weich zu werden. Einige sagten: „Dies ist nicht der richtige Augenblick, um unsere Gemeinde zu verlassen, aber wenn sich dies oder jenes ereignet, dann werden wir das tun." Diese Christen akzeptierten im Prinzip keinesfalls das Konzept einer pluralistischen Kirche. Einige von ihnen entwickelten ihre eigene Art von Härte – nämlich die Entscheidung, in ihrer Gemeinde zu bleiben, komme, was da wolle.

Eine solche Haltung birgt allerdings die Gefahr, in ein Freidenkertum zu verfallen, das allzu schnell zu einer Infizierung der Lehre und der eigenen Ansicht zur Heiligen Schrift führt. Dies alles sind geschichtliche Ereignisse. Aus dem kirchlichen Freidenkertum der dreißiger und vierziger Jahre ist der Abbau des Vertrauens in die Bibel in gewissen Bereichen der evangelikalen Welt der achtziger Jahre entstanden. Große Teile der evangelikalen Welt verhalten sich so, als ob es keinen wirklichen Unterschied macht, ob jemand an der historischen Ansicht zur Bibel festhält oder ob man die Methodologie des Existentialismus vertritt, die besagt, daß die Bibel da maßgeblich ist, wo sie religiöse Dinge lehrt, aber nicht da, wo sie geschichtliche oder wissenschaftliche Gebiete streift oder wenn es um solche Dinge wie die Beziehung zwischen Mann und Frau geht.

Auf gar keinen Fall möchte ich hier behaupten, daß alle diejenigen, die in den liberal dominierten Konfessionen verblieben, eine solche Ansicht vertreten haben. Ich glaube jedoch auch nicht, daß sich diejenigen, die sich „auf Biegen oder Brechen" zum Bleiben entschlossen haben, einer freidenkerischen Mentalität entziehen können. Wohl werden sie darum kämpfen, die Unterschiede bezüglich des Schriftverständnisses zu übertünchen, um den äußeren Anstrich evangelikaler Einheit zu wahren – obgleich heute an diesem entscheidenden Punkt der Heiligen Schrift wirklich keine Einheit mehr vorhanden ist. Wenn das Freidenkertum in bezug auf die Lehre einsetzt, dann können wir sowohl aufgrund der Kirchengeschichte als auch aufgrund persönlicher Beobachtung davon ausgehen, daß diejenigen, denen in Kirche und Schule eine solche Lehre beigebracht wird, innerhalb von ein oder zwei Generationen noch mehr einbüßen und daß dann die Trennlinie zwischen evangelikal und liberal vollkommen verschwinden wird.

Das Zurückziehen der Trennlinie

Das zweite Problem derjenigen, die ihre vom Liberalismus beherrschte Denomination nicht verließen, bestand in der natürlichen Tendenz, die Trennlinie kontinuierlich an jenen Stellen zurückzuziehen, wo eigentlich ein fester Standpunkt eingenommen werden müßte. Hätten zum Beispiel so bekannte evangelikale Presbyterianer der dreißiger Jahre wie Clarence Mc Cartney, Donald Grey Barnhouse und T. Roland Phillips in einer Denomination verbleiben können, in der es keine Möglichkeit gibt, an denjenigen Gemeindezucht zu üben, die öffentlich ketzerische Ansichten vertreten? Nehmen wir z. B. den Fall von Professor John Hick, dem Autor von *The Myth of God Incarnate*. Wie kann ein Mann, der die Meinung vertritt, daß die Inkarnation ein Mythos ist, sich selbst einen Christen nennen? Dennoch wurde er kürzlich als ein Geistlicher von gutem Ruf in das Presbyterium von Claremont, Kalifornien, aufgenommen. Wie hätten die oben erwähnten Männer in einer Denomination verbleiben können, die sich in militanter Weise für die Abtreibung ausspricht oder in der die Ordination Homosexueller und Lesbierinnen als ein „Sieg" angesehen wird? Was hätten Mc Cartney, Barnhouse und Phillips wohl dazu gesagt? Hätten sie in ihrer Denomination eine solche Situation vorgefunden, wäre das für sie unfaßbar gewesen.

Falsche Siege

Die Evangelikalen müssen sich falscher Siege bewußt werden. Die Machtstruktur der liberalen Denominationen ist in der Lage, die bibelgläubigen Christen aus dem Gleichgewicht zu bringen. Die Liberalen können den Evangelikalen alle möglichen falschen Siege zuspielen, um sie daran zu hindern, einen eindeutigen Standpunkt zu beziehen. Es gibt immer noch jene, die sagen: „Bleibt noch in unseren Reihen. Wartet noch ein bißchen. Wartet auf dies, wartet auf das." Immer nur warten, niemals handeln. Aber fünfzig Jahre des Wartens sind eine lange Zeit, zumal wenn die Dinge immer schlimmer werden. Aufgrund meines eigenen, immer schlechter werdenden Gesundheitszustandes habe ich wohl gute Gründe dafür zu sagen, daß uns keine unbegrenzte Zeit zur Verfügung steht, um mutig und opferbereit für Christus in den Zeugenstand zu treten und nicht nur ab und zu davon zu sprechen.

Auch das, was uns manchmal wie ein bedeutender Sieg vorkommt, endet möglicherweise ohne praktische Auswirkungen. Ein deutliches Beispiel hierfür finden wir wiederum in der Northern Presbyterian Church. Im Jahre 1924 beschlossen die Konservativen, daß die beste Möglichkeit, der liberalen Herausforderung zu begegnen, darin bestand, im Rahmen der Vollversammlung einen Vorsitzenden zu wählen, der eindeutig bibelgläubig sein sollte. Als Ergebnis wurde 1924 ein orthodoxer, bibelgläubiger Mann zum Vorsitzenden der Northern Presbyterian Church gewählt, nämlich Dr. Clarence Edward McCartney. Die Konservativen jubilierten. Die säkularen Zeitungen berichteten über die Geschichte des konservativen Sieges, und die Konservativen frohlockten. Aber während sich diese Freudenstimmung ausbreitete, festigten die Liberalen ihre Macht in der Kirchenbürokratie. Und da man zuließ, daß sie dies taten, erwies sich die Wahl eines konservativen Vorsitzenden als bedeutungslos. 1936 hatten die Liberalen alles so in der Hand, daß sie Dr. J. Gresham Machen seines geistlichen Amtes entheben konnten, indem sie ihn aus dem kirchlichen Dienst entließen.

Meiner Ansicht nach gerieten gegen Ende der dreißiger Jahre alle größeren protestantischen Denominationen der USA in die Hände der liberalen Theologen, und heute, in den achtziger Jahren, stehen diejenigen Denominationen, die in den dreißiger Jahre noch nicht von der liberalen Theologie beherrscht waren, vor der gleichen Entscheidung wie jene damals. Man sollte auch beachten, daß in der Hierarchie der römisch-katholischen Kirche heute viele Theologen und Lehrer zu finden sind, die progressiv genannt werden und zu den existentialistischen Theologen gezählt werden müssen; sie glauben und lehren dasselbe, was auch die existentialistischen Theologen der protestantischen Kirchen lehren, benutzen aber anstelle der protestantischen die traditionelle römisch-katholische Terminologie.

Zwei der protestantischen Denominationen der Vereinigten Staaten, die vor dieser Entscheidung stehen, haben interessanterweise wie die Northern Presbyterian Church in dem Versuch, sich zu schützen, einen konservativen Geschäftsführer gewählt. Aber ich möchte darauf drängen, daß die heutigen überzeugten Christen dieser Denominationen aus den Fehlern der Presbyterian Church lernen. Denken Sie bitte nicht, daß die Sicherheit einer Denomination schon dadurch gewährleistet werden kann, daß man einen bibelgläubigen Mann zum Geschäftsführer oder in eine verantwortliche Position wählt. Wenn die beiden Machtzentren einer modernen Denomination – die Bürokratie und die Seminare – in den Händen von Liberalen bleiben, dann wird sich langfristig gar nichts ändern. Wenn die Denominationen wirklich geschützt bleiben sollen, dann müssen die Gläubigen sich liebevoll, aber entschieden zur Reinheit der sichtbaren Kirche bekennen und diese auch *ausleben*. Die Heiligkeit Gottes muß in allen kirchlichen Angelegenheiten an den Tag gelegt werden. Wir müssen die Wahrheit ausleben, nicht nur darüber sprechen.

Brennende Wahrheit

Es muß eindeutig klargestellt werden, daß der neue Humanismus und die neue Theologie kein Konzept der echten Wahrheit – der absoluten Wahrheit – haben. Wie in der Kirche, so triumphiert der Relativismus auch in Universität und Gesellschaft. Der wahre Christ ist jedoch dann aufgerufen, nicht nur die Wahrheit zu lehren, sondern inmitten dieses Relativismus die Wahrheit auch in die Tat umzusetzen. Wenn wir jemals unser Leben nach der Wahrheit ausrichten sollten, dann sicherlich in solchen Tagen wie den unseren.

Dies bedeutet unter anderem folgendes: wenn die Liberalen weiterhin in der Kirche auf ihrem Liberalismus bestehen, obwohl wir auf persönlicher Ebene alles getan haben, was in unserer Macht stand, dann sollten sie Züchtigung erfahren. Wie ich ausführlich in *Die Kirche Jesu Christi, Auftrag und Irrweg* gezeigt habe, muß die Kirche die treue Braut Christi bleiben.[23] Weiterhin habe ich in dem Buch auch bis in die Einzelheiten erklärt, daß die Liberalen nicht dem Gott der Bibel ergeben sind, dem Gott, der wirklich da ist.[24] Historisches Christentum, biblisches Christentum glaubt, daß das Christentum nicht nur dogmatische Wahrheit, sondern lodernde Wahrheit ist – wahr in bezug auf das, was da ist, wahr in bezug auf das letzte große Allumfassende, den unendlich-persönlichen Gott. Demgegenüber bedeutet Liberalismus nichts anderes als Untreue; *er ist geistlicher Ehebruch dem göttlichen Bräutigam gegenüber.* Wir sind in eine Angelegenheit verwickelt, bei der es um Treue geht – Treue nicht nur dem Glaubensbekenntnis gegenüber, sondern auch der Heiligen Schrift und darüber hinaus dem göttlichen Bräutigam gegenüber – dem unendlich-persönlichen göttlichen Bräutigam, der wirklich da ist, eine Realität, die in vollkommener Antithese zu seiner Verleugnung steht.

Wir glauben nicht nur an die Existenz der Wahrheit, sondern wir glauben, daß wir die Wahrheit haben – eine Wahrheit, die einen Inhalt hat und verbalisiert werden kann (und *dann* auch ausgelebt werden kann) – eine Wahrheit, die wir der Welt des 20. Jahrhunderts mitteilen können. Christus und die Bibel haben uns diese Wahrheit gegeben. Denken Sie etwa, unsere Zeitgenossen werden uns ernst nehmen, wenn wir diese Wahrheit nicht ausleben? Glauben Sie auch nur einen Augenblick daran, daß die wirklich ernsthaften jungen Leute des 20. Jahrhunderts – unsere eigene Jugend, die an den Universitäten im Bereich der Soziologie, Psychologie, Philosophie usw. gesagt bekommt, daß alles relativ ist – uns ernst nehmen wird, wenn wir die Wahrheit nicht auf sehr praktische Art und Weise ausleben? Glauben Sie wirklich, die jungen Menschen nehmen es in einem Zeitalter, das nicht an die Existenz von Wahrheit glaubt, ernst, daß ihre Eltern die Wahrheit verkünden und an sie glauben? Werden ihre Eltern glaubwürdig sein, wenn sie nicht auf religiösem Gebiet eine Antithese ausleben?

Deshalb ist es für den wahren Christen in der Kirche notwendig, der „kühlen" Kommunikation McLuhanesques, wie sie von den liberalen Theologen angewendet wird, durch die „brennende" Kommunikation mit theologischem und biblischem Inhalt entgegenzutreten. Nur so kann die Heiligkeit Gottes wirklich dargestellt werden.

Wir glauben an die brennende Kommunikation des biblischen Inhalts, und ich bin davon überzeugt, daß jetzt, wo unser Zeitalter und seine Kommunikation immer eisiger werden, wo der Inhalt heruntergespielt und die Vernunft untergepflügt werden, der historische christliche Glaube immer bewußter den Inhalt und nochmals den Inhalt betonen muß. So kommen wir zu einer vollständigen Antithese gegenüber der Theologie des Existentialismus. Wenn wir überhaupt die Wahrheit aussprechen wollen, dann muß der Inhalt unserer Aussage auf der Basis einer Antithese beruhen; um dies tun zu können, müssen wir an denjenigen, die sich vom historischen christlichen Glauben fortbewegen, Gemeindezucht üben. Nur so können wir die Heiligkeit Gottes wirklich praktisch darstellen.

Zur gleichen Zeit müssen wir jedoch auch denjenigen, deren Ansichten wir nicht teilen können, die Liebe Gottes verkündigen. Dies haben wir unterlassen, als vor fünfzig Jahren die presbyterianische Krise in den USA auftrat. Wir haben nicht in Liebe über diejenigen gesprochen, deren Ansichten wir nicht teilen konnten, und seit jener Zeit mußten wir dafür bezahlen. Wir müssen die Menschen lieben, auch die liberalen Theologen, auch wenn sie den gesamten Inhalt des christlichen Glaubens aufgegeben haben. Wir müssen sie als unsere Nächsten betrachten und danach handeln, denn Christus gab uns das zweite Gebot, in dem es heißt, daß wir alle Menschen als unsere Nächsten lieben sollen.

Wir müssen eindeutig für das Prinzip der Reinheit der Kirche eintreten, und wir müssen zur angemessenen Korrektur jener aufrufen, die eine Position vertreten, die nicht der Bibel entspricht. Aber zur gleichen Zeit müssen wir ihnen als Menschen sichtbare Liebe entgegenbringen, während wir über sie sprechen und schreiben. Dies müssen wir sowohl vor der Kirche als auch vor der Welt deutlich machen. Wir müssen erklären, daß die Liberalen hoffnungslos falsch liegen und daß sie in und durch die Kirche in die Schranken gewiesen werden müssen – aber wir müssen dies auf eine solche Art und Weise tun, daß eindeutig klar wird, daß wir hier nicht bloß in fleischlicher Gesinnung handeln. Dies können wir allerdings nicht aus eigener Kraft, sondern das kann nur der Heilige Geist bewirken. Ich bereue es, daß wir das in der Presbyterianischen Kirche vor Jahren nicht getan haben; wir haben nicht über die Notwendigkeit gesprochen, Gottes Liebe sichtbar werden zu lassen, als wir uns gegen den Liberalismus gestellt haben. Und nachdem wir die Presbyterianische Kirche verloren hatten, ist uns dieser Verlust teuer zu stehen gekommen.

Die Tragödie des Bischofs Pike

Aber unter Gebet kann man sowohl Liebe erweisen als auch für die Wahrheit eintreten. Vor einigen Jahren hielten Bischof James Pike und ich vor dem Auditorium der Roosevelt Universität in Chicago ein Zwiegespräch. (Bischof Pike war ein führender Liberaler der Episcopal Church.) Einige Jahre vor unserem Dialog mußte er sich vor der Episcopal Church wegen Ketzerei verantworten. Die Anklage wurde jedoch nach einiger Zeit fallengelassen – nicht etwa, weil seine Ansichten doch rechtgläubig gewesen wären, sondern weil die Episkopale Denomination den theologischen Pluralismus und Relativismus akzeptiert hatte und von daher keine wirkliche Basis mehr besaß, aufgrund derer sie hätte Gemeindezucht üben können.

Vor diesem Gespräch bat ich die Mitarbeiter von L'Abri, für eines zu beten – daß ich dem Bischof und dem Auditorium einen klaren christlichen Standpunkt darlegen könnte und daß ich in der Lage wäre, gleichzeitig eine gute menschliche Beziehung zwischen dem Bischof und mir aufrechtzuerhalten. Das war etwas, das ich nicht aus eigener Kraft schaffen konnte, aber Gott beantwortete das Gebet. Es wurden eindeutige Positionen bezogen, wobei die Differenzen ganz offensichtlich waren, ohne daß aber Bischof Pike als Mensch herabgewürdigt wurde. Am Ende unseres Dialogs sagte er: „Wenn Sie einmal nach Kalifornien kommen, dann besuchen Sie mich doch bitte in Santa Barbara!" Später, als meine Frau Edith und ich in Santa Barbara waren, besuchten wir ihn und konnten unsere Diskussion fortsetzen, ohne daß auch nur der Funke eines Kompromisses aufgetaucht wäre, jedoch auch ohne daß er als Mensch herabgewürdigt worden wäre – vielmehr gaben wir ihm zu verstehen, daß wir ihn als Mensch respektierten.

Wir sprachen auch über die Möglichkeit, daß sein Glaube an ein Gespräch mit seinem Sohn „im Jenseits" in Wirklichkeit eine Sache sei, die in den Bereich der Dämonenlehre gehöre.

Bischof Pikes Sohn hatte nämlich einige Zeit zuvor Selbstmord verübt, und Bischof Pike hatte versucht, über ein Medium mit seinem Sohn in Verbindung zu treten. Er wurde nicht ärgerlich, obwohl er dem Weinen nahe war. Es ist möglich, eine klare Stellung zu beziehen, auch wenn sie notwendigerweise negativ ist – aber wir müssen die Menschen dabei auch als Menschen behandeln. Ich werde niemals vergessen, wie es war, als wir ihn das letzte Mal sahen. Meine Frau Edith und ich verließen gerade das „Center for the Study of Democratic Institutions". Er machte eine der traurigsten Aussagen, die ich je gehört habe: „Als ich mich von meinem Agnostikerdasein abwandte, ging ich zum Union Theological Seminary – ich erwartete und verlangte nach Brot; aber als ich meinen Abschluß machte, blieb ich mit nichts weiter als einer Handvoll Kieselsteine zurück."

Wer ist verantwortlich für die Tragödie von Bischof James Pike? Seine liberalen Theologieprofessoren, die ihm all das nahmen, was real und menschlich ist. Wir können die Tatsache, daß die liberalen Theologieprofessoren jeder beliebigen theologischen Schule junge Männer und Frauen mit nichts weiter als einer Handvoll Kieselsteine zurücklassen, nicht auf die leichte Schulter nehmen.

Inmitten dieser Situation müssen wir dennoch, mit Gottes Gnade, zwei Dinge gleichzeitig tun. Wir müssen alles für die Reinheit der Kirche Notwendige tun, um die Heiligkeit Gottes an den Tag zu legen; gleichzeitig müssen wir auch inmitten unserer schärfsten Sprache die Liebe Gottes verkündigen, egal, wie verbittert die Liberalen uns gegenüber werden oder welch häßliche Dinge sie auch sagen, oder was immer sie auch der Presse gegenüber äußern. Wenn wir die eine oder die andere Seite vernachlässigen, dann legen wir für Gott kein Zeugnis ab – für den Gott, der heilig und der die Liebe ist.

Gemeindezucht

Lassen Sie uns noch einmal auf die Kämpfe der Presbyterianischen Kirche in den dreißiger Jahren zurückkommen, als die wirklichen Christen vergaßen, auf die Wahrung des Gleichgewichts zu achten. Auf der einen Seite warteten sie zu lange damit, Gemeindezucht auszuüben. Aus diesem Grunde büßten sie ihre Denomination ein, wie dies auch bei den Christen in fast allen anderen Denominationen der Fall war. Auf der anderen Seite behandelten einige von ihnen die Liberalen so, als ob diese keine Menschen mehr wären; sie eigneten sich so schlechte Gewohnheiten an, daß sie sich später, als die neu gebildeten Gruppen untereinander kleinere Differenzen hatten, auch untereinander schlecht benahmen. Wir sollten uns vor den Gewohnheiten hüten, die aus Meinungsverschiedenheiten entstehen können. Beides muß gleichzeitig zutage treten: die Heiligkeit Gottes und die Liebe Gottes müssen durch seine Gnade in gleicher Weise sichtbar werden. Dies geschieht nicht automatisch. Es erfordert Gebet. Wir müssen in unseren konfessionellen Zeitschriften darüber schreiben. Wir müssen in unseren Versammlungen darüber sprechen; in unseren Predigten müssen wir die Notwendigkeit hervorheben, *gleichzeitig* für die Heiligkeit Gottes und die Liebe Gottes einzustehen, und durch unsere Verhaltensweisen müssen wir das vor unseren Gemeindeversammlungen und vor unseren Kindern *an den Tag legen*.

Es ist wichtig, daß wir erkennen, über welches Prinzip wir hier sprechen – wir müssen auch auf die Sprache achten, mit der wir dieses Prinzip verdeutlichen wollen. Es geht uns nicht um das Prinzip der *Trennung*. Es geht darum, *das Prinzip der Reinheit der Kirche auszuleben*. An diesem Punkt sind die Worte von großer Wichtigkeit, denn durch die Wahl und den jahrelangen Gebrauch unserer Worte erzeugen wir Haltungen. So wiederhole ich: das Prinzip besteht im Ausleben der Reinheit der Kirche. Dieses Prinzip wird möglicherweise auf verschiedene Art und Weise ausgeführt werden müssen, aber gerade das ist ja das Prinzip. Die Kirche gehört denen, die durch Gottes Gnade treu zur Bibel stehen. Verbunden mit der Kirchengeschichte fast jeder Denomination ist der Prozeß der Gemeindezucht zu finden; falls notwendig, sollten diese Quellen benutzt werden, wenn es um die tatsächliche Ausführung des Prinzips geht.

Wenn wir die Zeit zwischen 1890 und 1930 betrachten, können wir entdecken, wie die Ausübung von Gemeindezucht auf den Kopf gestellt wurde. In den frühen achtziger Jahren des letzten Jahrhunderts wurden Disziplinarmaßnahmen gegen Dr. Charles A. Briggs getroffen. Dr. Briggs war ein energischer Verfechter der historisch-kritischen Methode und machte sich als einer der ersten für die Einführung des Liberalismus in das Union Theological Seminary von New York stark. Im Jahre 1881 wurde er wegen Ketzerei angeklagt und schließlich 1883 durch die Vollversammlung der Northern Presbyterian Church vom Dienst suspendiert. Aber in den dreißiger Jahren unseres Jahrhunderts hatte der ältere Typus der Liberalen die Macht in der Denomination übernommen, und die Situation wurde ins Gegenteil verkehrt. Im Jahre 1936 waren die *Liberalen* in der Lage, Dr. Machen aus ihrer Denomination auszuschließen, weil er einen festen und praktischen Standpunkt für die Orthodoxie in Glauben und Tat vertrat.

Dr. Machen wurde aus dem Dienst entlassen. Was war denn in den Jahren zuvor geschehen? Die treuen Männer der Kirche hatten es versäumt, in konsequenter Weise Gemeindezucht zu üben. In den Jahren nach 1880 war die Kirche in der Lage, an Dr. Briggs Gemeindezucht zu üben, aber in der darauf folgenden Zeit haben die Männer zu lange gewartet. Obwohl sie einen herausragenden Sieg erlangt hatten, taten sie nach dieser ersten Anwendung von Gemeindezucht nichts mehr, bis es viel zu spät war. Die Zucht in der Kirche und in unseren christlichen Organisationen – wie auch in der Familie – ist nicht etwas, das in einem einzigen großen Ausbruch von Enthusiasmus erledigt werden kann, etwa in einer großen Konferenz oder dergleichen. Die Menschen müssen in Liebe als menschliche Wesen behandelt werden, aber dies ist eine Angelegenheit der fortlaufenden Fürsorge, die Augenblick für Augenblick geschieht. Wir haben es nicht bloß mit einer menschlichen Organisation zu tun, sondern mit der Kirche Jesu Christi. Deshalb bedeutet das Ausleben der Reinheit der Kirche zuerst einmal Gemeindezucht an denen, die keine eindeutige Position in bezug auf die Lehre der Bibel vertreten.

Warum ist es heute so undenkbar, Gemeindezucht zu üben? Warum befinden sich heute mindestens zwei Denominationen der USA so sehr in den Händen von Liberalen, daß es sowohl offiziell als auch formal nicht mehr möglich ist, ein Gemeindezuchtverfahren überhaupt durchzuführen – noch nicht einmal in der Theorie? Der Grund liegt darin, daß sich sowohl die Welt als auch die liberale Kirche vollkommen in der Gewalt von Synthese und Relativismus befinden. Für unsere Vorväter war es keineswegs etwas Undenkbares, eine Vernehmung in bezug auf Gemeindezucht durchzuführen, weil sie daran glaubten, daß es wirklich Wahrheit gibt. Aber weil sowohl die Welt als auch die liberale Kirche nicht mehr an die Wahrheit als Wahrheit glauben, ist jedes Konzept der Züchtigung undenkbar geworden, welches Fragen der Lehre anbetrifft.

Ein zweiter Schritt

Lassen Sie uns nun den Brennpunkt unserer Betrachtungen verlagern. Was wird die Zukunft bringen? Was können wir für uns selbst, für unsere Gemeinden, für unsere leiblichen und für unsere geistlichen Kinder erwarten? Amerika bewegt sich mit großer Geschwindigkeit auf eine vollkommen humanistische Gesellschaft und einen ebensolchen Staat zu. Glauben wir etwa, daß dieser Trend unsere eigenen kleinen Projekte, unser Leben und unsere Kirche unberührt läßt? Wenn eine orthodoxe Presbyterianische Gemeinde in San Francisco vor Gericht gebracht werden kann, weil sie gegen das Anti-Diskriminierungsgesetz verstoßen hat, indem sie ihren Organisten entlassen hat, weil er homosexuell war und er sich zur Homosexualität bekannte – können wir dann die Alarmglocke noch überhören?

In welchem Presbyterium der Presbyterianischen Kirche der USA kann ein ordinierter Geistlicher unter Gemeindezucht gebracht werden, weil er eine falsche Ansicht zur Lehre vertritt, und wo kann man noch erwarten, daß er auch wirklich gezüchtigt wird? Das gleiche gilt ebenfalls für viele andere Denominationen. Wir sollten zunächst natürlich alles tun, was auf persönlicher Ebene möglich ist, um dem Liberalen auf liebevolle Art und Weise zu helfen; aber wenn er auf seinem Liberalismus besteht, dann sollte er unter Gemeindezucht gestellt werden, weil die Kirche die treue Braut Christi bleiben sollte.

Die Kirche ist nicht die Welt. Wenn eine Denomination an einer Stelle anlangt, an der solche Gemeindezucht nicht mehr ausgeübt werden kann, dann müssen ihre Mitglieder vor dem Angesicht Gottes einen zweiten Schritt erwägen: um das Prinzip der Reinheit der Kirche auszuleben, sollten sie den Schritt tun, unter Tränen aus der Kirche auszutreten. Nicht mit wehenden Fahnen, nicht mit Hurrageschrei oder der Vorstellung, daß wir in dieser gefallenen Welt eine perfekte Kirche bauen können, sondern unter Tränen.

Evangelikale, die an diesem Punkt ankommen, müssen den Liberalen gegenüber immer noch Liebe üben, und dies aus dem einfachen Grunde, weil es richtig ist. Wenn wir aber nicht wissen, wie wir dem organisierten Liberalismus eindeutig entgegentreten und die Liberalen dennoch lieben können, dann haben wir darin versagt, den ganzen Auftrag Gottes auszuführen, der darin besteht, gleichzeitig seine Liebe und seine Heiligkeit deutlich zu machen – vor den Augen der Welt, vor den

Augen der Kirche, vor unseren Kindern, vor den Augen der
Engel und vor dem Angesicht unseres Herrn selbst.

Aus der Vergangenheit lernen

Wenn wir die Frage der Wasserscheide bezüglich der uneingeschränkten Autorität und Unfehlbarkeit der Heiligen Schrift beachten, was können wir dann aus der Vergangenheit lernen? Zunächst müssen wir erkennen, daß eine direkte Parallele zwischen den Ereignissen Anfang dieses Jahrhunderts und zwischen dem besteht, was wir heute erleben. Werden wir die Fehler der Vergangenheit wiederholen, oder werden wir daraus lernen und Gott die Treue halten, indem wir gleichzeitig seiner Liebe und Heiligkeit Ausdruck verleihen? *Innerhalb der evangelikalen Kreise entwickeln sich die Dinge mit großer Geschwindigkeit in die Richtung dessen, was vor fünfzig Jahren in den Denominationen geschah.* Aber es ist noch Zeit genug, diejenigen, die eine abgeschwächte Ansicht über die Bibel vertreten und die theologisch und kulturell durch unsere Zeitströmung infiltriert sind, daran zu hindern, die Leitung und die Schlüsselorganisationen innerhalb der evangelikalen Welt vollkommen an sich zu reißen – wenn wir den Mut haben, eindeutig, aber liebevoll, eine Trennlinie zu ziehen. Es ist traurig genug, daß wir zugeben müssen, daß sich die Dinge *in der Tat* schnell und auf dieselbe Art entwickeln, wie es vor etwas mehr als fünfzig Jahren geschah. Wir beobachten eine wachsende Akzeptanz der historisch-kritischen Methode innerhalb unserer Hochschulen und Seminare. Die neo-orthodoxe Methodologie des Existentialismus erfährt eine immer stärker werdende Annahme. Sowohl in der *Theologie als auch in der Praxis* wächst die Infiltration durch die humanistischen Gedanken. In zunehmendem Maße werden Pluralismus und Anpassung akzeptiert. Und wie hat die evangelikale Leiterschaft darauf geantwortet? In erdrückender Weise war sie darauf bedacht, Stillschweigen zu bewahren, die Lawine weiterrollen zu lassen, die Differenzen zu übertünchen. Hier haben wir wiederum die evangelikale Katastrophe vor Augen – das Versagen der evangelikalen Leiterschaft, überhaupt einen wirklichen Standpunkt gegen das relativistische Abrutschen unserer Kultur zu vertreten – das Versagen, auf all dem zu bestehen, was möglicherweise „fürs Unternehmen gefährlich werden könnte", wenn es um unsere persönlichen Projekte und unsere Anerkennung geht. Und heute, wo unsere Kultur fast verloren ist, müssen wir da nicht eine noch größere Katastrophe in Form eines totalen moralischen Zusammenbruchs und den Beginn eines humanistischen Führerprinzips erwarten, wenn wir nicht einen klaren Standpunkt vertreten?

Praktische Schritte

Wir werden wohl in unseren evangelikalen Organisationen und Institutionen, in unseren Kirchen und Denominationen einige sehr spezifische Schritte unternehmen müssen, und zwar auf einer sehr praktischen Ebene. Immer da, wo man sich von der historischen Auffassung über die Bibel und vom Gehorsam gegenüber Gottes Wort entfernt, müssen diejenigen, die solche Ansichten vertreten, unter Gemeindezucht gestellt werden. Dies muß so geschehen, wie in diesem Kapitel erläutert wurde – mit aufrichtiger Liebe, ohne Selbstgerechtigkeit, eben in der Haltung, wie ich sie bis hierhin beschrieben habe. Aber es muß eine klare Linie gezogen werden – und zwar durch diejenigen, die im Rat der evangelikalen Organisationen und Seminare sitzen. Diese klare Linie muß dann gezogen werden, wenn wir den Studenten Empfehlungen geben, welche Hochschulen sie besuchen oder meiden sollten; wenn wir gebeten werden, um des Evangeliums willen mit denjenigen zusammenzuarbeiten, die eine abgeschwächte Ansicht zur Bibel vertreten; wenn wir entscheiden, wen und was wir in unseren Zeitschriften und unseren Verlagshäusern veröffentlichen. Denn in solchen Organisationen, und besonders in Seminaren, sind diese Fragen von entscheidender Bedeutung. Es war ja das Versagen der Evangelikalen vor fünfzig Jahren, das es den Liberalen ermöglichte, die Kontrolle zu übernehmen – weil die Evangelikalen versäumten, Gemeindezucht zu üben und die Kontrolle der konfessionellen Einflußzentren, d. h. der Hochschulen und Seminare, der publizistischen und organisatorischen Strukturen, in ihren Händen zu behalten.

Wenn Ihre Loyalität zu Christus Sie an einen Punkt bringt, an dem Sie Gemeindezucht für notwendig halten und an dem Sie sich sogar entscheiden, ihre Ortsgemeinde, Denomination oder christliche Organisation zu verlassen, dann flehe ich Sie an, sich einen Weg zu suchen, wie Sie eine vor der Welt sichtbare Liebe unter *wahren* Christen beweisen können. Das Ausleben der Wahrheit erfordert es, daß eine Linie zwischen der historischen Ansicht zur Bibel und der neuen abgeschwächten Sicht gezogen wird. Aber hiermit will ich nicht sagen, daß diejenigen, die diese neue Ansicht vertreten, nicht oft auch Brüder und Schwestern in Christus sind, noch daß wir keine liebevollen, persönlichen Beziehungen zu ihnen haben sollten. Wir wollen keine Aufteilung in streitsüchtige Parteien betreiben, denn wenn wir diese Aufteilung betreiben, dann wird die Welt eine solche Häßlichkeit sehen, daß sie sich abwenden wird. Auch Ihre eigenen Kinder werden diese Häßlichkeit sehen, und Sie werden einige Ihrer Söhne und Töchter verlieren. Ihre Söhne und Töchter werden solch harte Worte aus Ihrem Munde über die Menschen hören, mit denen Sie einmal befreundet waren, daß sie sich von Ihnen abwenden werden. Stoßen Sie Ihre Kinder nicht ab; stoßen Sie andere Menschen nicht dadurch ab, daß Sie vergessen, mit Gottes Gnade auf zwei parallele Prinzipien zu achten – nämlich Liebe und Heiligkeit erkennen zu lassen.

Wenn die Welt in Flammen steht

Schließlich dürfen wir nicht vergessen, daß die Welt in Flammen steht. Wir verlieren nicht nur die Kirche, sondern ebenso unsere gesamte Kultur. Wir leben in einer nach-christlichen Welt, die unter dem Urteil Gottes steht. Ich glaube, daß wir heute so sprechen müssen, wie Jeremia es tat. Einige Leute sind der Meinung, daß nur deshalb, weil die Vereinigten Staaten von Amerika die Vereinigten Staaten von Amerika sind, weil Großbritannien Großbritannien ist, sie nicht unter das Urteil Gottes fallen. Dies ist nicht der Fall. Ich persönlich glaube, daß wir in Nordeuropa seit der Reformation so viel Licht hatten, wie es nur wenige andere jemals besaßen. Wir haben in unserer Kultur auf diesem Licht herumgetrampelt. Unsere Kinos, unsere Romane, unsere Kunstmuseen, unsere Schulen schreien hysterisch, während sie auf diesem Licht herumtrampeln. Und, was das schlimmste ist, auch die moderne Theologie stößt gellende Schreie aus, während sie versucht, dieses Licht zu zertreten. Glauben Sie, daß Gott unsere Länder einfach nur aus dem Grunde nicht richtet, weil es unsere Länder sind? Denken Sie, daß der heilige Gott nicht richten wird?

Und wenn dies alles auf unsere Zeit in der Geschichte zutrifft, dann brauchen wir einander. Lassen Sie uns ruhig unsere konfessionellen Unterschiede behalten. Und lassen Sie uns, während wir an ihnen festhalten, miteinander über unsere Unterschiede sprechen.

Aber in solchen Tagen wie den unseren müssen wir die wirkliche Rangfolge der Dinge erkennen. Unsere Unterschiede dürfen nicht die Kluft sein, die uns trennt. Wir vertreten unsere Unterschiede, weil wir davon überzeugt sind, daß sie biblisch sind. Aber Gottes Aufforderung an uns ist, diejenigen zu lieben und mit ihnen eins zu sein, die in Christus sind, und dann Gottes Wahrheit in das gesamte Spektrum des Lebens und in das gesamte Spektrum der Gesellschaft hineinsprechen zu lassen. Dies ist unsere Bestimmung. Die Grenzlinie schließt sich nicht um die Kennzeichen unserer eigenen, privaten Denomination. Wir halten an diesen Dingen fest, weil wir wirklich glauben, daß sie der biblischen Lehre entsprechen. Aber über diese Dinge hinausgehend haben wir die Verantwortung, ja den Auftrag, uns in die gesamte Kirche des Herrn Jesus Christus einzubringen, und über die Kirche unseres Herrn hinaus in die gesamte Gesellschaft und die gesamte Kultur. Wenn wir dies nicht begreifen, dann verstehen wir weder, wie reich das Christentum und Gottes Wahrheit sind, noch wie weit der an die Christen ergangene Auftrag in die Gesamtheit des Lebens hineinreicht. Wir können nicht sagen, daß Jesus der Erlöser ist, wenn wir nicht auch sagen, daß er der Herr ist. Und wir können nicht ehrlich und rechtmäßig sagen, daß er unser Herr ist, wenn er nur der Herr über einen Teil des Lebens und nicht über die Gesamtheit des Lebens ist, was das ganze soziale, das politische und das kulturelle Leben einschließt.

In solchen Tagen wie den unseren, an denen die Welt in Flammen steht, müssen wir uns bemühen, die Dinge in der richtigen Reihenfolge zu sehen. Wir müssen den Mut haben, zwischen denen, die in bezug auf die uneingeschränkte Autorität der Bibel aufgrund *theologischer* oder *kultureller Infiltration* Kompromisse eingegangen sind, und zwischen denen, die dies nicht getan haben, eine Trennlinie zu ziehen. Zur gleichen Zeit müssen wir eine sichtbare Einheit mit allen denen bilden, die sich vor dem lebendigen Gott und damit vor der verbalen, lehrsatzmäßigen Kommunikation des Wortes Gottes, der Bibel, gebeugt haben. Laßt uns, während wir aus den Fehlern der Vergangenheit lernen, ein vor allen Menschen sichtbar werdendes Zeugnis aufrichten, das möglicherweise noch in der Lage ist, sowohl die Kirche als auch die Gesellschaft zur Umkehr zu bewegen – damit Menschen gerettet werden, das Volk Gottes gebaut wird und schließlich auch das Abgleiten in eine vollkommen humanistische Gesellschaft und in einen autoritären Unterdrückungsstaat gebremst werden kann.

Namen und Streitfragen

Bedeutungen und Nebenbedeutungen

Mit Bezeichnungen hat es eine seltsame Bewandtnis, und besonders mit den Bedeutungsinhalten, die ihnen zugeordnet werden. Bezeichnungen können sowohl benutzt werden, um zu verschönern, als auch, um etwas zu zerstören.

Wie wir im vorangegangenen Kapitel gesehen haben, ging die Bezeichnung „Fundamentalismus" zuerst Mitte der zwanziger Jahre dieses Jahrhunderts in den Sprachgebrauch ein. Vor und während jener Zeit fegte der Liberalismus durch die größeren Denominationen und übernahm die Führungspositionen und die Kontrolle in den Seminaren, in vielen christlichen Publikationen und in den konfessionellen Strukturen.

Fundamentale Wahrheiten

Als Antwort darauf verfaßten die bibelgläubigen Christen unter der Leitung von Gelehrten wie J. Gresham Machen und Robert Dick Wilson ihre sogenannten Fundamente des Glaubens *(The Fundamentals of the Faith)*. Dr. Machen und die anderen Männer hatten nie daran gedacht, daraus einen „-ismus" zu machen. Für sie waren ihre Aussagen nichts anderes als der wahre Ausdruck des historischen christlichen Glaubens und seiner Lehre. Sie stellten die *fundamentalen Wahrheiten des christlichen Glaubens* dar – eine bibeltreue Lehre; eine *Wahrheit,* an der diese Männer interessiert waren und der sie sich unterwarfen. Wie wir in den vorangegangenen Kapiteln sehen konnten, wurde diese Wahrheit in Form einer Serie von Büchern veröffentlicht, die von den führenden christlichen Denkern jener Tage geschrieben wurden. Dr. Machen, den ich noch von meiner Studienzeit her kenne, bezeichnete sich einfach als einen „bibelgläubigen Christen". Dasselbe gilt für die vielen anderen Publikationen jener Tage, die sich ebenfalls der bibeltreuen Lehre unterwarfen.

Es dauerte aber nicht lange, bis das Wort *Fundamentalist* in Gebrauch kam. Zu Anfang war es weder in bezug auf seine Definition noch auf seine Bedeutung problematisch. Ich persönlich zog jedoch Dr. Machens Ausdruck „bibelgläubiger Christ" vor, denn dies war ja der Kern der gesamten Diskussion.

Im Laufe der Zeit nahm der Ausdruck *Fundamentalist* bei vielen Menschen jedoch eine Bedeutung an, die keinen unbedingten Bezug zu der ursprünglichen Bedeutung hatte. Es entwickelte sich die Nebenbedeutung in Form eines Pietismus, der die Bandbreite des christlichen Interesses auf eine nur sehr begrenzte Ansicht über das geistliche Leben reduzierte. Aufgrund dieser neuen Konnotation wurden viele Dinge, die mit den Künsten, der Kultur, der Erziehung und den sozialen Fragen zusammenhängen, als „ungeistlich" angesehen; diese Bereiche galten als ein für Christen ungeeignetes Betätigungsfeld. Geistliches Leben spielte sich nach dieser Auffassung nur in einem sehr begrenzten Bereich im Leben eines Christen ab, und alles, was darüber hinausging, wurde als verdächtig angesehen. Der Fundamentalismus entwickelte auch zeitweise eine übergroße Härte und einen Mangel an Liebe, während er zutreffend sagte, daß der liberalen Lehre, die die biblische Lehre verfälschte, Widerstand entgegengebracht werden mußte.

Das gesamte Spektrum des Lebens

Deshalb wurde zu einem bestimmten Zeitpunkt in diesem Land eine neue Bezeichnung eingeführt – *evangelikal*. Diese Bezeichnung wurde hauptsächlich aus dem britischen Raum übernommen. In Großbritannien war der Begriff *evangelikal* in den zwanziger und dreißiger Jahren im Prinzip deckungsgleich mit dem, was Dr. Machen und die anderen in unserem Land vertraten – nämlich bibelgläubiges Christentum, das den Übergriffen unterschiedlichster Form und Stärke seitens der liberalen Theologie unvereinbar gegenüberstand. Mitte der vierziger Jahre war die Bezeichnung *evangelikal* in den USA in den allgemeinen Sprachgebrauch eingegangen. Er wurde hier besonders mit der Nebenbedeutung verwendet, daß ein Christ bibelgläubig war und sich dabei nicht aus dem gesamten Spektrum des Lebens ausschloß, sondern den christlichen Glauben auf effektive Weise mit den aktuellen Bedürfnissen der Gesellschaft, der Politik und der Kultur in Berührung brachte. In diese Bedeutung war eingeschlossen, die Menschen zu Christus als ihrem Erlöser zu führen und dann auch Salz und Licht in unserer Kultur zu sein.

In dieser allgemeinen Periode begannen meine Vorlesungen und Bücher, einen gewissen Einfluß auszuüben – also circa ab 1950. Meine Vorlesungen und frühen Bücher betonten die Herrschaft Jesu Christi über das ganze Spektrum des Lebens, auf dem Gebiet der Kultur, der Kunst, der Philosophie usw.; gleichzeitig unterstrich ich deutlich die Notwendigkeit eines bibeltreuen Glaubens, der sich liebevoll, aber mit Wahrhaftigkeit nicht nur gegen die falsche Theologie, sondern auch gegen die zerstörerischen Ergebnisse einer falschen Weltanschauung erhebt.

Ohne ihre Bedeutung überzubewerten, kann jedoch gesagt werden, daß diese Bücher vielen Menschen während jener Periode – besonders aber in den radikalen sechziger Jahren – eine neue Türe geöffnet haben. Viele entdeckten ein Christentum, das in dieser Epoche der zerbrechenden Werte lebensfähig ist, auch wenn um uns herum die älteren kulturellen Normen durch das neue Ethos unsrer Zeit auf den Kopf gestellt werden. Auch haben viele verstanden, daß dieses neue Ethos – d. h. die Vorstellung von der letzten Realität als Energie, die in irgendeiner Form schon ewig besteht und ihre gegenwärtige Ordnung durch Zufall erlangte – in bezug auf das Leben zerstörerische Konsequenzen mit sich bringt. Die jungen Menschen der sechziger Jahre fühlten, daß diese Position alle Maßstäbe als ständiges relativistisches Wechselspiel und das Leben als etwas Sinnloses erscheinen ließen, und sie begannen, in diesen Vorstellungen zu denken und nach ihnen zu leben. Glücklicherweise fanden einige aus diesem Umfeld, daß das Christentum, wie es in L'Abri gelebt wird – als etwas, das alle Bereiche des Denkens und Lebens berührt, verbunden mit einem Leben des Gebets – ein wirklich lebendiges Christsein bewies, und sie wurden zu bibelgläubigen, hingegebenen Christen.

Aber beachten Sie: dies beruhte auf zweierlei – erstens darauf, wirklich bibelgläubig zu sein, und zweitens, den Resultaten der falschen Weltanschauung, die den Zeitgeist beherrschte, in liebevoller, aber entschiedener Konfrontation gegenüberzutreten. Durch Gottes Gnade übte dieser Nachdruck in vielen Ländern und in verschiedenen Fachrichtungen Einfluß aus.

An diesem Punkt kommen wir wieder auf die Sache mit den Bedeutungen und ihren Konnotationen zurück. Langsam, aber stetig, begann ein großer Teil der als evangelikal bekannten Christen, sich auf eine *Anpassung* hinzubewegen, obwohl der ursprüngliche Gebrauch des Wortes evangelikal keinen Anlaß dazu gab. Beachten sie nochmals: weder vom ursprünglichen Gebrauch des Wortes noch von der ursprünglichen Haltung der Männer und Frauen her, die dieses Wort als erste angewendet hatten, bestand hierzu ein Grund. Diejenigen, die sich als erste evangelikal nannten, waren bibelgläubig und schlossen keine Kompromisse mit der Welt.

Die „Blue-Jeans"-Mentalität

Es ist wichtig zu erkennen, welche Auswirkungen dies gehabt hat. Der Trend zur Anpassung ist eine Art Spiegelbild dessen, was vorher mit dem Fundamentalismus geschah. Nach den konfessionellen Turbulenzen der dreißiger Jahre verfiel der Fundamentalismus zunehmend in einen falschen Pietismus, der jede Herausforderung an die ihn umgebende Kultur als ungeistlich ansah; die Aufgabe des Christen bestand lediglich darin, Menschen zu Christus zu führen und dann so etwas wie ein persönliches Christsein zu leben. So kam es, daß die sich verändernde, destruktive kulturelle Umgebung in zunehmendem Maße unangefochten blieb. Bei dem angepaßten Teil der Evangelikalen bestand die Tendenz, über ein erweitertes, bereichertes Christentum zu reden und sich immer stärker mit der Kultur zu befassen, sich aber auch gleichzeitig an jedem entscheidenden Punkt dem Zeitgeist unserer Tage anzupassen. Beachten Sie, daß dies zu denselben Ergebnissen führte. Abgesehen vom Anspruch auf kulturelle Relevanz beläßt der angepaßte evangelikale Protestantismus die destruktive kulturelle Umgebung ebenfalls zunehmend ohne Herausforderung. So führen diese beiden Positionen letztlich zu ähnlichen Ergebnissen.

Dies erinnert mich irgendwie an die jungen Leute, mit denen wir in Berkeley und in anderen Universitäten zu tun hatten, einschließlich der Studenten an gewissen christlichen Hochschulen und der jungen Leute, die mit ihren Siebensachen auf dem Rücken in großen Scharen während der sechziger Jahre zu uns nach L'Abri kamen. Es waren junge Leute, die voller Auflehnung steckten. Sie wußten, daß sie rebellisch waren, denn sie trugen das Kennzeichen dafür – die ausgeblichenen Blue Jeans. Nur schienen sie nicht bemerkt zu haben, daß die Blue Jeans das Zeichen der Anpassung geworden waren – daß in der Tat jedermann Blue Jeans trug. Dies scheint in meinen Augen wirklich eine starke Parallele zu dem darzustellen, was wir in einem Großteil der Nebenbedeutungen finden, die aus der neuen Anwendung des Wortes *evangelikal* erwachsen sind. Was sie aussagen, ist folgendes: „Wir sind die ‚neuen Evangelikalen', die ‚offenen Evangelikalen'; wir haben die kulturelle Isolation und den Anti-Intellektualismus der alten Fundamentalisten von uns abgeworfen." Sie haben allerdings nicht bemerkt, daß sie nichts zu sagen haben, was eine deutliche Konfrontation und Antithese zu der uns umgebenden Kultur darstellen würde. Es ist so leicht, ein radikaler Blue-Jeans-Träger zu sein, wenn es allgemein üblich ist, Blue Jeans zu tragen!

Aber dies ist ja wirklich nichts Neues. Das Christentum ist im Laufe der Jahrhunderte immer wieder von der Seuche der Anpassung heimgesucht worden, besonders aber in diesem Jahrhundert. Es ist interessant, was Dr. Harold J. Ockenga über den Liberalismus der Jahrhundertwende schrieb:

> Die destruktive historisch-kritische Methode wurde unter den Theologen Ende des neunzehnten und Anfang des zwanzigsten Jahrhunderts zur dominierenden Form der Bibelauslegung. Wurde sie mit der naturalistischen Evolutionslehre zusammengebracht, führte dies zum Liberalismus. (...) Er (der Liberalismus) paßte das Christentum an den modernen wissenschaftlichen Naturalismus an (...) wann immer Hindernisse in bezug auf Einzelheiten der christlichen Religion auftraten.[25]

Es ist interessant, daß mittlerweile sogar einige Liberale den verheerenden Effekt der theologischen Anpassung erkannt haben und ihrer langsam überdrüssig werden, wobei sie sich fragen, was denn nun zu tun sei. Einer dieser Liberalen schrieb kürzlich:

> Das zentrale Thema der zeitgenössischen Theologie besteht in der *Anpassung an die Moderne*. Sie ist das zugrunde lie-

gende Motiv, das alle augenscheinlich so ungeheuren Unterschiede zwischen der existentialistischen Theologie, der Entwicklungstheologie, der Befreiungstheologie, der Entmythologisierung und vielen Varianten der liberalen Theologie vereinigt – alle suchen nach einer immer stärker zu vereinbarenden Angleichung an die Moderne.
Der Geist der Anpassung hat (...) zu der stetigen Verschlechterung der letzten hundert Jahre und zur Katastrophe der vergangenen zwei Jahrzehnte (geführt).[26]

Dennoch ist die Anpassung unter vielen Evangelikalen in Mode gekommen – trotz der verheerenden Auswirkungen, die dies bereits auf theologischem und kulturellem Gebiet gezeigt hat.

Heiligkeit und Liebe

Was die ganze Sache noch komplizierter macht, ist die uns eigene Tendenz, keine angemessene Differenzierung zu besitzen. Wenn wir uns den Streitfragen stellen, muß unter der Leitung des Heiligen Geistes ein angemessenes Gleichgewicht herrschen, während wir darum bemüht sind, innerhalb der Umgrenzung dessen zu leben, was die Bibel lehrt. Jeder Streitfrage müssen wir uns gleichzeitig in Heiligkeit und in Liebe nähern. Wenn wir wirklich bibelgläubig und dem lebendigen Christus gegenüber wahrhaftig sein wollen, dann verlangt jede Frage nach einer Ausgewogenheit, die ein deutliches „Nein" zu zwei entgegengesetzten Irrtümern sagt: wir können weder die Liebe im Namen der Heiligkeit preisgeben; noch können wir die Heiligkeit im Namen der Liebe preisgeben. Oder, um es in anderen Worten zu sagen: der Teufel gewährt uns niemals den Luxus, an nur einer Front zu kämpfen.

In jeder Generation ruft Gott seine Leute auf, seine Liebe

und Heiligkeit zu verkünden, ihm die Treue zu halten und sich gegen die Anpassung an die aktuellen Wertmaßstäbe der Welt zu stellen. Um Gottes Liebe und Heiligkeit verkünden zu können und die Gute Nachricht in einer solchen Weise an unsere Generation weitergeben zu können, daß die Botschaft wirklich lebendig ist, müssen wir um Ausgewogenheit bemüht sein, um nicht in den „Blue Jeans"-Fehler zu verfallen. Das heißt, wir dürfen nicht denken, wir seien mutig und auf dem neuesten Stand, während wir in Wirklichkeit nur der gängigen Denkweise unseres Zeitalters angepaßt sind.

Wir müssen zugeben, daß wir an diesem Punkt nicht viel Gutes zustande gebracht haben. Und ich bin auch nicht der Ansicht, daß die führenden Evangelikalen in ihren einflußreichen Positionen – in Schulen, in Verlagen und in anderen maßgebenden Bereichen – in diesen Dingen hilfreich gewesen sind. Allzuoft, so erscheint es mir, hat das „Auf-dem-neuesten-Stand-Sein" lediglich bedeutet, sich mit den gerade populären Themen zu befassen, nicht aber, sich ihnen differenziert, aber eindeutig gegenüberzustellen. Dies ist natürlich eine Haltung, die sich im Einklang mit dem Geist des Relativismus befindet, der unser Zeitalter bestimmt. Da die vorherrschende Weltanschauung lehrt, daß die letzte Realität im schweigenden Universum besteht, das keine Werturteile fällen kann, existiert auch keine Wahrheit, die letztendlich gültig ist. Deshalb kann es wohl die unterschiedlichsten persönlichen Ansichten geben, aber keine Konfrontation von Wahrheit und Irrtum – jene Konfrontation, die nicht nur von den Christen, sondern auch von den klassischen Philosophen und Denkern der Vergangenheit als eine Tatsache angesehen wurde. Uns bleibt keine Basis, aufgrund derer wir entscheiden können, was falsch und was richtig ist. Wenn wir uns also den entscheidenden Fragen unserer Zeit gegenübersehen, dann lehrt uns die vorherrschende Weltanschauung, daß es kein Richtig oder Falsch gibt, sondern nur die persönliche Meinung. Es herrscht der Relativismus, und wir sind umgeben vom Zeitgeist der Anpassung.

„Gefährden Sie nicht das Unternehmen"

Das Thema „Abtreibung" bietet ein gutes Beispiel für den vorherrschenden Relativismus. „Ich persönlich bin gegen die Abtreibung, aber...", und es folgt ein Zusatz von Einschränkungen – dies wurde zum vermittelnden Ausspruch nicht nur der Christen in der Regierung, sondern auch vieler Christen auf der Kanzel und in den Verlagen. Das Endergebnis ist dasselbe wie der moralische Relativismus; die Frage der Abtreibung wird auf eine persönliche Ansicht reduziert, die keine Beziehung mehr dazu hat, wie man sein persönliches Leben in der Welt auslebt. Mitte der siebziger Jahre, als Dr. C. Everett Koop, Franky Schaeffer und ich an dem Projekt *Bitte, laßt mich leben!* zu arbeiten begannen, kämpften in der Tat so wenige Protestanten gegen die Abtreibung, daß der Kampf einfach deshalb verloren war, weil er zu einer rein römisch-katholischen Angelegenheit erklärt wurde. Warum engagierten sich so wenige Protestanten? Die Pietisten waren dem Irrtum unterlegen, daß ein Kampf im Bereich der staatlichen Gewalt „ungeistlich" sei; die andere Richtung hatte sich die Haltung der Anpassung so sehr zu eigen gemacht, daß es ihr eigenes „Unternehmen" sehr gefährdet hätte, wenn sie einen klaren Standpunkt bezogen hätten. Glücklicherweise sind jetzt mehr Christen engagiert, aber die Folgen des entstandenen Schadens sind nicht mehr rückgängig zu machen. Wenn sich laute und eindeutige Stimmen des Widerspruchs erhoben hätten, als man begann, sich öffentlich für die Abtreibung und die allgemeine Abwertung des menschlichen Lebens zu äußern, dann hätte die ursprüngliche Flut dieses neuen Verständnisses wahrscheinlich nicht die Oberhand gewinnen können. Und wenn die Christen in verantwortlichen Positionen und die Veröffentlichungen das Feuer weiter geschürt hätten, dann wäre es für die Christen im Kongreß nicht so bequem gewesen, sich in ihrer persönlichen Ansicht gegen die Abtreibung auszusprechen, aber dann z. B. gegen eine Beschränkung der Finanzierung von Abtreibungen durch Geldmittel des Regierungsfonds zu stimmen.

Es ist schon eine Ironie, daß so viele, die gegen eine Eingrenzung des Christentums durch die weltfremde und isolierte Geistlichkeit des unfruchtbaren Pietismus waren, letztendlich in dasselbe Stillschweigen versinken, wenn es um jene Streitfragen geht, die sich gegen die gängigen, allgemein akzeptierten Denkweisen aussprechen. Es ist so einfach, Blue Jeans zu tragen, wenn es allgemein üblich ist, Blue Jeans zu tragen!

Wahrheit bringt wirklich Konfrontation mit sich – liebevolle Konfrontation, aber dennoch Konfrontation – sei es nun im Hinblick auf jene, die nicht mehr mit derselben festen Überzeugung hinter der Bibel stehen wie diejenigen, die in der ursprünglichen Bedeutung „Fundamentalisten" und „Evangelikale" waren, oder im Hinblick auf jene, die die Bedeutung des menschlichen Lebens abwerten. Diese Abwertung des menschlichen Lebens kann damit beginnen, daß man über Extremfälle in bezug auf Abtreibung spricht; aber dann sind die Übergänge zum Kindesmord und zum willkürlichen, pragmatischen Urteil über das ganze menschliche Leben und seinen Wert fließend – einschließlich Ihres eigenen menschlichen Lebens, wenn Sie zu einer Last für die Gesellschaft werden.

Im vorangegangenen Kapitel zitierte ich aus dem Brief einer christlichen Führungspersönlichkeit, die Einschränkungen hinsichtlich des Bibelverständnisses und der Abtreibung vornahm. Ich möchte hier noch einmal betonen, was ich zu diesem Punkt sagte: daß wir auf der Basis dessen, was das Wort *evangelikal* ursprünglich in bezug auf die Heilige Schrift bedeutete, dazu bereit sein müssen, in Liebe eine Trennlinie zu denen zu ziehen, die eine abgeschwächte Ansicht über die Bibel vertreten. Auf der Grundlage des ursprünglichen Begriffs *evangelikal* sind sie falsche Evangelikale. Wenn wir diese Trennung nicht vollziehen, dann passen wir uns an einem entscheidenden Punkt dem Zeitgeist unserer Tage an, und schließlich wird auch alles andere mit in diesen Sog gezogen.

Das gleiche Prinzip läßt sich auch auf die entscheidenden Fragen des menschlichen Lebens anwenden. Eine abgeschwächte Ansicht über das menschliche Leben und eine abgeschwächte Ansicht über die Bibel gehen Hand in Hand. Die Wasserscheide befindet sich da, wo es um den *Gehorsam gegenüber der Bibel* geht, ebenso wie um die Lehre der Unfehlbarkeit. Da die Bibel lehrt, daß das Leben im Mutterleib menschliches Leben ist, kann niemand die Abtreibung akzeptieren, ohne die Autorität und Wahrheit der Schrift in der Praxis zu verleugnen. In bezug auf eine solche Trennlinie hinsichtlich des Schriftverständnisses und der Bewertung des menschlichen Lebens hat die evangelikale Führung wenig oder gar keine Führungsverantwortung wahrgenommen. Die meiste Zeit scheinen sie nicht zu verstehen, um was es wirklich geht. Im Streit um diesen entscheidenden Punkt nach der Frage des menschlichen Lebens haben sie entweder aus einem falsch verstandenen Pietismus heraus oder aus Angst, ihr eigenes „Unternehmen" zu gefährden, keine eindeutige Position bezogen. Und wenn überhaupt, dann haben sie erst sehr spät in diesen Kampf eingegriffen.

Die wirkliche Streitfrage

Es ist merkwürdig, daß die Welt diese Dinge oft besser versteht als die meisten Christen und ihre christlichen Leiter. So spricht ein vor kurzem erschienener Artikel in der Zeitschrift *Time*, „Thinking animal Thoughts" (Die Gedanken der Tiere denken) die wirklich entscheidende Frage aus. In der Diskussion um „die Rechte der Tiere" versucht *Time* herauszufinden, ob es wirklich einen Unterschied zwischen dem tierischen und dem menschlichen Leben gibt:

> Wenn Menschen annehmen, daß sie nach dem Bilde Gottes geschaffen wurden, dann fällt es ihnen nicht schwer, den ungeheuren und qualitativen Abstand zwischen ihnen selbst und den niederen Klassen der Schöpfung zu erkennen. Die Bibel lehrt, daß der Mensch die Souveränität über die Fische des Meeres, die Vögel am Himmel, das Vieh und alle kriechenden Tiere besitzt. Vielleicht ist der Aufstieg der Tierschutzbewegung ein Symptom für einen mehr säkularen Geist des Zweifelns an sich selbst (...).
> Der Unterschied des Menschen zum Tier wird von einigen in der unsterblichen Seele gesehen; ein absoluter Unterschied, der nur den Mann und die Frau auszeichnet, nicht aber das Tier. Die Seele zeichnet den menschlichen Stammbaum aus – und vermutlich die Regelung, alles untergeordnete Leben, das dem Menschen über den Weg läuft, zu schlachten und zu essen. *Aber wie unterscheidet sich im säkularen Sinne das menschliche Leben vom tierischen Leben?* Durch die Intelligenz? Einige Affen und sogar noch niedere Kreaturen sind ebenso intelligent wie, sagen wir einmal, ein schwer geistig zurückgebliebenes Kind; wenn es nicht erlaubt ist, ein geistig zurückgebliebenes Kind zu töten, warum ist dann die Tötung von Tieren erlaubt?[27]

So hebt *Time* also hervor, daß, wenn wir die biblische Lehre, daß Gott die letztgültige Realität ist und daß Er den Menschen auf einzigartige Weise nach Seinem Bilde geschaffen hat, verwerfen, der Mensch dann keinen intrinsischen Wert mehr hat. Im säkularen Sinne besitzt das menschliche Leben keinen Unterschied zum tierischen Leben. Oder, in anderen Worten, wenn man die säkulare Weltanschauung akzeptiert, daß die letzte Realität nur durch Zufall geformte Materie oder Energie ist, dann wird das menschliche Leben auf die Ebene der tierischen Existenz gestellt. Es gibt nur zwei Klassifikationen – Nicht-Leben und Leben. Und wenn man das menschliche Leben als grundsätzlich nicht vom tierischen Leben unterschieden betrachtet, warum soll man Menschen dann nicht auf dieselbe Art und Weise wie Tiere behandeln? Es wäre lediglich pure religiöse Nostalgie, wenn man sich anders verhielte. So wird es zunächst einfach, die Kinder im Mutterleib zu töten, und später, wenn man mit der Beschaffenheit der Kinder nicht einverstanden ist, sie zu töten, nachdem sie geboren worden sind. Dann geht es weiter zur Euthanasie jedes Menschen, der zur Last wird oder Schwierigkeiten macht.

Letztendlich besteht nach säkularer Weltanschauung kein intrinsischer Unterschied zwischen menschlichem und tierischem Leben – warum sollte es also anders behandelt werden? Man wünschte sich, die christliche Presse und die christlichen Führungspersönlichkeiten hätten dieselbe Einsicht gehabt wie *Time* und diese Tragweite gesehen. Aber hat die christliche Presse bei den wenigen Gelegenheiten, als der Säkularismus und der säkulare Humanismus behandelt wurden, die wahren Folgen dieser Weltanschauung ins Licht gerückt?

Eine christliche Zeitschrift tat die Schlußfolgerung kund, daß die Sorge über den säkularen Humanismus und seinen Einfluß auf die Gesellschaft nichts anderes als ein Popanz sei.[28] Richtig definiert ist der säkulare Humanismus – oder der Humanismus oder der Säkularismus oder welchen Namen Sie dem auch immer geben wollen – kein Popanz; er ist ein gefährlicher Feind. Auch hier wiederum ist eine Differenzierung in Form von sorgfältiger Definition äußerst wichtig. Das Wort *Humanismus* darf nicht mit Humanität, d. h. Menschenfreundlichkeit verwechselt werden.[29] Der Humanismus stellt eine dreiste Verleugnung des Gottes dar, der wirklich existiert, und setzt den Menschen herausfordernd als Maß aller Dinge an die Stelle Gottes. Denn wenn die letzte Realität nur aus Materie oder Energie besteht, die schon immer existierte und die ihre gegenwärtige Form nur durch Zufall erhielt, dann gibt es niemanden außer dem begrenzten Menschen, der lediglich relative Wertmaßstäbe aufstellen kann und der eine nur relativistische Grundlage für Gesetz und staatliche Gewalt schafft. Dies ist kein Popanz. Es steht vollkommen all dem entgegen, wofür die wahren Fundamentalisten ursprünglich eintraten, vollkommen dem entgegen, wofür die Evangelikalen einst eintraten, und vollkommen all dem entgegen, wofür die Bibel eintritt. Wie kann überhaupt ein Christ so dumm sein, nicht zu sehen, daß dieser „Popanz" *sowohl dem Leben des Individuums zum gegenwärtigen Zeitpunkt als auch in der Zukunft die Zerstörung garantiert?*

Religiöses Kauderwelsch

Erkennen Sie wirklich, welche Tragweite dies hat? Verstehen Sie wirklich, daß die biblische Sicht vom Menschen und die säkularistische Sicht eine vollkommene Antithese darstellten – und als solche auf eine vollkommen widerstreitende Sicht über das menschliche Leben mit völlig anderen Konsequenzen hinauslaufen? Die säkulare Welt erkennt dies, wie auch aus den Kommentaren Dr. Peter Singers eindeutig hervorgeht. In einem Artikel des angesehenen medizinischen Journals *Pediatrics* erklärt Dr. Singer:

> Die ethische Auffassung von der Unverletzlichkeit des menschlichen Lebens – ich nenne dies „die Ansicht von der Heiligkeit des Lebens" – wird angegriffen. Der erste große Schlag gegen diese Ansicht von der Heiligkeit des Lebens bestand in der immer größer werdenden Akzeptanz der Abtreibung innerhalb der ganzen westlichen Welt. Vertreter der Ansicht von der Heiligkeit des Lebens haben darauf

hingewiesen, daß einige der als Frühgeburt zur Welt kommenden Babys weniger entwickelt sind als manche Foeten, die bei späten Abtreibungen getötet werden. Sehr plausibel fügen diese Vertreter hinzu, daß der Aufenthaltsort des Foetus/Kleinkindes – innerhalb oder außerhalb des Mutterleibes – keinen entscheidenden Unterschied in bezug auf seinen moralischen Status machen kann. Die Zulassung der Abtreibung, besonders dieser späten Abtreibungen, scheint deshalb ein Verstoß gegen unsere Verteidigung der vermeintlich universellen Unverletzlichkeit des unschuldigen menschlichen Lebens zu sein.

Ein zweiter Schlag gegen die Ansicht von der Unverletzlichkeit des menschlichen Lebens besteht in der Enthüllung, daß es in vielen größeren öffentlichen Krankenhäusern üblich ist, bei gewissen Patienten von der Versorgung durch lebensrettende Maßnahmen abzusehen. (...)

Ist der Zerfall dieser Ansicht von der Heiligkeit des Lebens wirklich so besorgniserregend? Eine Veränderung ist oft einfach schon aus dem Grunde, weil sie eine Veränderung ist, alarmierend, besonders aber eine Veränderung auf einem Gebiet, über das man jahrhundertelang nur im Flüsterton gesprochen hat, so daß es automatisch einem Sakrileg gleichkommt, wenn man es in Frage stellt. (...)

Was auch immer die Zukunft bereit hält – es wird sich wahrscheinlich als unmöglich erweisen, die Ansicht von der Heiligkeit des Lebens im umfassenden Sinne wiederherzustellen. Die philosophischen Grundlagen dieser Ansicht sind zerschlagen worden. Wir können unsere Ethik nicht mehr länger auf die Vorstellung gründen, daß menschliche Wesen eine Sonderform der Schöpfung sind, geschaffen nach dem Bilde Gottes, ausgewählt aus allen anderen Tieren und im alleinigen Besitz einer unsterblichen Seele.

Die heutige, bessere Erkenntnis über unsere eigene Natur hat die Kluft überbrückt, von der man einst annahm, daß sie zwischen uns und den anderen Gattungen liege. Weshalb

sollten wir dann glauben, daß die bloße Tatsache, daß ein Lebewesen zur Gattung *Homo sapiens* gehört, seinem Leben automatisch einen einzigartigen, fast unendlichen Wert verleiht?
Sobald das religiöse Kauderwelsch, das den Begriff „menschlich" umgibt, hinweggenommen wird, mögen wir ruhig weiterhin die normalen Mitglieder unserer Gattung als Wesen ansehen, die mehr Vernunft, Bewußtsein, Kommunikationsfähigkeit usw. besitzen als die Angehörigen irgendeiner anderen Gattung; aber wir werden keineswegs das Leben jedes einzelnen Mitglieds unserer Gattung als unverletzlich ansehen, ganz gleich, wie begrenzt seine geistigen Fähigkeiten in bezug auf intelligentes oder sogar bewußtes Leben sein mögen: Wenn wir einen schwer behinderten menschlichen Säugling mit einem nichtmenschlichen Lebewesen, z. B. einem Hund oder einem Schwein, vergleichen, dann werden wir oft finden, daß das nichtmenschliche Lebewesen sowohl faktisch als auch potentiell überlegene Fähigkeiten in bezug auf Vernunft, Bewußtsein, Kommunikationsmöglichkeiten und alledem besitzt, was man in überzeugender Weise als moralisch bedeutsam ansehen könnte. Die bloße Tatsache, daß der behinderte Säugling ein Mitglied der Gattung *Homo sapiens* ist, führt dazu, daß er anders als ein Hund oder ein Schwein behandelt wird. Aber die bloße Zugehörigkeit zu einer Rasse ist moralisch unbedeutsam. (...)
Wenn es uns gelingt, die veraltete und irrige Vorstellung von der Unverletzlichkeit des menschlichen Lebens beiseite zu schieben, dann können wir beginnen, das menschliche Leben so zu sehen, wie es wirklich ist: als eine Lebensqualität, die jedes menschliche Wesen besitzt oder erreichen kann. Dann wird es möglich, diese schwierigen Fragen nach Leben und Tod mit der ethischen Sensibilität zu betrachten, nach der jeder einzelne Fall verlangt, und nicht mit jener Blindheit gegenüber individuellen Unterschieden, die in

der rigiden Anweisung des *Department of Health and Human Services* verborgen liegt und sich darin ausdrückt, alle Behinderungen zu ignorieren, wenn es darum geht, ein Kind am Leben zu erhalten.[30]

Ist ihnen klar, was Sie da gerade gelesen haben? Wenn man die biblische Lehre von der Unverletzlichkeit des menschlichen Lebens und von der Erschaffung des Menschen nach dem Bilde Gottes verläßt (wie Dr. Singer in so eindeutiger Weise gezeigt hat), dann gibt es letztlich keine feste Grundlage zur Wertbemessung menschlichen Lebens. Und dies trifft auf die Ungeborenen wie auch auf die schon Geborenen zu. Wenn menschliches Leben vor der Geburt getötet werden kann, dann gibt es keinen logischen Grund, warum das nicht auch nach der Geburt geschehen kann. So wird also die Lebensqualität, beurteilt durch fehlbare und sündige Menschen, zum Maßstab für die Tötung oder Nichttötung menschlichen Lebens – ob nun ungeboren, neugeboren, reich oder alt. Aber was sagt dies nun über die Behinderten aus, die heute leben? Ist nicht ihr Leben unbefriedigend und auf tragische Weise entwertet? Es werden Menschen dieses Buch lesen, die man aufgrund der oben genannten Kriterien hätte sterben lassen, wenn sie heute geboren worden wären.[31]

Die Frage nach dem menschlichen Leben stellt wirklich eine Wasserscheide dar. Diejenigen, die die Abtreibung befürworten, versuchen, diese entsetzliche Realität hinter einer achtbaren Sprache wie „Lebensqualität", „Glück und Wohlergehen der Mutter" oder dem „Bedürfnis jedes Kindes, erwünscht zu sein", zu verbergen. Obwohl eine solche Sprache ähnlich klingen mag wie das, was die Bibel lehrt – daß alles menschliche Leben nach dem Bilde Gottes geschaffen ist und als solches einen einzigartigen, intrinsischen Wert hat –, sind die Resultate nichts anderes als eine vollständige Abwertung des Lebens. Das ungeborene Kind ist ein menschliches Wesen, das nach dem Bilde Gottes geschaffen worden ist, und dieses zu verleugnen heißt, die Autorität der Bibel zu verleugnen. Man kann unmöglich den 139. Psalm lesen und seinen Aussagen wirklich glauben, ohne zu erkennen, daß das Leben im Mutterleib wirklich schon menschliches Leben ist. Es ist unmöglich, wirklich an die Inkarnation zu glauben, ohne zu erkennen, daß das durch den Heiligen Geist von Maria empfangene Kind in der Tat vom Zeitpunkt der Empfängnis an Gottes Sohn war. Wenn wir der Bibel wirklich glauben, dann besteht keine Unklarheit darüber, wann das menschliche Leben beginnt. Dies zu verleugnen heißt, die Autorität der Bibel zu verleugnen.

Aber hier geht es nicht nur um die Abtreibung, so wichtig diese Angelegenheit auch ist. Sind wir wirklich so blind, daß wir nicht erkennen, was auf dem Spiel steht? Es geht um das menschliche Leben. Aber dennoch geht der Großteil der evangelikalen Welt weiterhin ruhig seinen Geschäften nach und äußert lediglich, daß man, außer in diesen oder jenen Fällen, gegen die Abtreibung ist; oder man sagt, man solle daraus keine Streitfrage machen, denn dies könne zu Spaltungen führen; oder man sagt, man solle keine Trennlinie ziehen - selbst, wenn Millionen von Menschenleben auf dem Spiel stehen. *Aber wenn wir noch nicht einmal gewillt sind, für das menschliche Leben einzutreten, gibt es dann überhaupt noch etwas, wofür wir eintreten werden?*

Erscheinungsformen des Zeitgeistes

Es ist bequem, sich dem anzupassen, was heute um uns herum „in" ist, d. h. den Formen des heutigen Zeitgeistes. Diese Anpassung ist tödlich gewesen – sie hat innerhalb der letzten zehn Jahre zum Verlust von über zwölf Millionen Menschenleben durch Abtreibung geführt. Aber dies hört nicht bei der Frage des menschlichen Lebens auf; der Zeitgeist ist genauso offensichtlich in bezug auf wirklich alle anderen Probleme, die von der säkularisierten Mentalität unserer Tage für aktuell erklärt wurden.

Die sozialistische Mentalität

So sehen wir auch auf einem anderen Gebiet, daß ein Großteil des Protestantismus das Reich Gottes mit einem sozialistischen Programm verwechselt. Auch dies stellt eine reine Anpassung an den Zeitgeist unserer Tage dar. Ein deutliches Beispiel findet sich in einem Rundschreiben, das von einer führenden evangelikalen Zeitschrift veröffentlicht wurde. In einer vor kurzem erschienenen Ausgabe stellte dieses Rundschreiben die Arbeit, die soziale Strategie und die Gesellschaftskritik der „Evangelicals for Social Action" (ESA) vor. ESA erklärt folgendes:

Kurz zusammengefaßt behauptet diese Kritik, daß die sozialen Probleme, mit denen sich die Christen in dieser Nation am meisten beschäftigen (z. B. Kriminalität, Abtreibung, Mangel an Gebet, säkularer Humanismus usw.) wichtig sind, in Wirklichkeit aber Symptome von viel größeren Problemen darstellten – *ungerechten sozialen Strukturen in den USA* – die diesen legitimen christlichen Belangen zugrunde liegen. Deshalb liegt die Antwort ganz offensichtlich darin, die Ursachen dieser Krankheit anzugreifen, damit die Symptome verschwinden. Viele Bildungsbemühungen der ESA zielen darauf ab, bibelorientierten Christen die entscheidenden Bereiche unserer Gesellschaft vor Augen zu führen, in denen diese fundamentalen Ungerechtigkeiten herrschen, und sie auf die Notwendigkeit hinzuweisen, eine Änderung zum Guten herbeizuführen.
Worin bestehen diese fundamentalen „ungerechten Strukturen"? ESA glaubt, daß die meisten (aber sicherlich nicht alle) von der Armut und der ungerechten Verteilung des Reichtums auf nationaler und internationaler Ebene herrühren.[32]

Ist Ihnen klar, was hier ausgesagt wird? Bemerkenswerterweise sagt ESA, daß „ungerechte soziale Strukturen" und insbesondere „die ungerechte Verteilung des Reichtums" die wirklichen Gründe für das Böse in der Welt sind. Gemäß ESA sind es diese Dinge (d. h. ungerechte soziale Strukturen/ungerechte Verteilung des Reichtums), die „Kriminalität, Abtreibung, Mangel an Gebet, säkularen Humanismus usw." verursachen. Dieses ist schon auf faktischer Ebene Unsinn. Auf jeder Gesellschaftsebene gibt es Kriminalität, ungeachtet irgendwelchen Reichtums; die Abtreibung wird am stärksten von den Wohlhabenden befürwortet. Und glaubt ESA wirklich, daß ein Wandel der ökonomischen Strukturen das Problem „Mangel an Gebet" lösen würde? Hier ist das Evangelium auf ein Programm zur Umformung sozialer Strukturen reduziert worden. Dies ist die marxistische Linie. Es bedeutet nicht, daß diejenigen, die diese Position vertreten, Kommunisten sind. Aber es bedeutet, daß sie das Reich Gottes wirklich vollkommen mit den fundamentalen sozialistischen Konzepten verwechseln. Den Hintergrund hierfür finden wir in der Aufklärung und ihrer Vorstellung von der Vervollkommnungsfähigkeit des Menschen, wenn nur die kulturellen und ökonomischen Fesseln gesprengt würden.[33]

Aber bedenken Sie ferner, was dies im theologischen Sinne bedeutet. Was ist aus dem Sündenfall und aus der Sünde geworden? ESA scheint zu sagen, daß der Weg zur Erlösung des modernen Menschen in der Veränderung der ökonomischen Strukturen liegt, da nur dies allein sich mit den grundlegenden „Ursachen der Krankheit" befaßt. Ironischerweise ist ihr Programm aber nicht radikal genug! Das Grundproblem besteht im Sündenfall, in der Sünde und im menschlichen Herzen. Das Grundproblem liegt viel tiefer als in den sozialen Strukturen, und indem ESA dies verkennt, offenbart sie ein Verständnis von Erlösung, das sich sehr von dem unterscheidet, was die Heilige Schrift lehrt. Das Problem ist die Sünde, und es gibt keine größere Sünde als die willentliche Gehorsamsverweigerung des modernen Menschen gegenüber Gott und seinen Geboten, sowohl auf dem Gebiet der Gedanken als auch im Bereich des Handelns. Die sozialistische Gesinnung, wie sie von den „Evangelicals for Social Action" und anderen vertreten wird, basiert auf einem zweifachen Irrtum. Zuerst und vor allem ist ihre Vorstellung theologisch falsch und versperrt von Grund auf die Bedeutung des Evangeliums. Aber ebensosehr irrt sie in bezug auf ihre naive Einschätzung der Neuverteilung des Wohlstands und auf die daraus entstehenden Konsequenzen. Die Antwort liegt nicht in irgendeiner Art von sozialistischer oder gleichmacherischer Neuverteilung. Das wäre nämlich viel ungerechter und unterdrückender als unser eigenes System, obwohl auch letzteres unvollkommen ist. Um dies verstehen zu können, müssen wir uns bloß die unterdrückerischen Gesellschaftsformen ansehen, die aus dem Versuch entstanden sind, den Wohlstand nach sozialistischen oder gleichmacherischen Plänen radikal neuzuverteilen. Jeder Versuch der radikalen Neuverteilung hat die Wirtschaft und die Kultur des betreffenden Landes zugrunde gerichtet, und jede marxistische Revolution endete in einem Blutbad. Die Menschen blieben mit weniger und nicht mit mehr zurück; zudem legte man ihnen ein totalitäres Regierungssystem auf. In diesem Zusammenhang sind die Bemerkungen des Volkswirtschaftlers und Historikers Herbert Schlossberg sehr aufschlußreich. Schlossberg hebt den „grundsätzlichen Haß" in den Augen der Meinungsmacher hervor, die heutzutage nach sozialistischer Neuverteilung rufen:

Der Haß, der in solchen Aussagen zutage tritt, ist alles, was man heute in einer Gesellschaft erwarten kann, die den Neid institutionalisiert hat und den Begriff soziale Gerechtigkeit benutzt, um damit ein System des legalisierten Diebstahls zu bezeichnen. Dies sollte uns alarmieren in bezug auf die Phrasendrescherei des alten Schwindels, daß die Eigentumsrechte irgendwie von den Menschenrechten getrennt werden könnten und ihnen zudem auch unterlegen sind. Es gibt keine Gesellschaft, die den Eigentumsrechten gegenüber rücksichtslos ist, die Menschenrechte aber schützt. Der Staat, der seine Hände auf Ihre Geldbörse legt, wird sie auch auf Ihre Person legen. Beides sind Vorgehensweisen einer Regierung, die das transzendente Gesetz verschmäht.

Diejenigen, die den Wettbewerb des Kapitalismus durch die Genossenschaften des Sozialismus ersetzen, verstehen von beidem nichts (...). Die sowjetischen „Genossenschaften" kosteten bis 1959 über 110 Millionen Menschen das Leben. Die Alternative zu freier Wirtschaft ist nicht die

Bildung von Genossenschaften, sondern Zwangsherrschaft.[34]

Hier möchte ich Sie bitten, noch einmal zum Bild der Wasserscheide zurückzukehren, wie ich es am Anfang des zweiten Kapitels dargestellt habe. Dort beschrieb ich, wie der Schnee, der zunächst aneinandergrenzend auf beiden Seiten der Wasserscheide lag, schließlich als Schmelzwasser tausend Meilen voneinander entfernt ins Meer floß. Und wir sahen auch im Fall des Bibelverständnisses, wie zwei Ansichten, die zunächst ziemlich nahe beieinander zu liegen schienen, schließlich bei vollständig unterschiedlichen Standpunkten ankommen und daß dies sowohl verheerende Konsequenzen für die Theologie als auch für die Umwelt hat. Wenn wir jetzt also die evangelikale Anpassung an die sozialistische Mentalität betrachten, dann können wir erkennen, daß genau dies geschieht. Mit ihrem Schrei nach Gerechtigkeit und Mitleid klingt sie zunächst, als sei sie dasselbe, oder annäherungsweise das, was die Heilige Schrift über Gerechtigkeit und Mitleid lehrt. Diejenigen, die die sozialistische Mentalität befürworten, bemühen sich, all die richtigen evangelikalen Worte zu benutzen, und sie vermeiden jede sozialistische „Rote-Flagge-Rhetorik". Tatsache ist aber, daß sie über „ein anderes Evangelium" sprechen. Und wenn wir näher untersuchen, worum es geht, dann entdecken wir, daß die sozialistische Mentalität bei einem ganz anderen Standpunkt endet, und zwar verbunden mit verheerenden Konsequenzen für die Theologie und die Menschenrechte sowie für das menschliche Leben. Die Antwort liegt nicht in einem sozialistischen Programm.[35] Und wenn ein großer Teil der evangelikalen Welt beginnt, das Reich Gottes mit einem sozialistischen Programm durcheinanderzuwerfen[36], dann ist dies pure Anpassung an den Zeitgeist unserer Tage. Unsere Reaktion darauf muß Konfrontation sein – liebevolle Konfrontation, aber nichtsdestoweniger Konfrontation. Es muß eine Trennlinie gezogen werden.

Drei große Schwachstellen

Auch hier wiederum müssen wir vorsichtig sein und für eine rechte Ausgewogenheit sorgen. Wenn wir uns gegen die sozialistische Mentalität aussprechen, dann müssen wir uns davor hüten, alles und jedes aus der Vergangenheit zu „taufen". Dies habe ich über die Jahre hinweg wiederholt betont, angefangen mit meinen frühesten Büchern und Vorträgen; aber es muß immer wieder gesagt werden. In der Vergangenheit hat es kein goldenes Zeitalter gegeben. Es gibt keine Zeit, von der wir rückblickend sagen können, sie wäre fehlerlos oder in vollem Sinne christlich gewesen – einschließlich der Reformation, der frühen Kirche oder des frühen Amerika. Es gab große Schwachstellen, die wir als Christen ablehnen und für die wir heute Abhilfe schaffen müssen; an dieser Stelle möchte ich gerne drei dieser Schwächen erwähnen.

Zunächst ist da einmal die Rassenfrage, in deren Zusammenhang es zwei Arten des Mißbrauchs gab. Aufgrund der Rasse gab es die Sklaverei und auch Rassenvorurteile als solche. Beides ist falsch, und oft war beides gerade dann gegenwärtig, wenn Christen einen stärkeren Einfluß auf den Konsens hatten, als sie ihn heute besitzen. Und dennoch hat sich die Kirche als Kirche nicht genügend dagegen ausgesprochen. Traurigerweise frönten die Amerikaner der Lüge, daß der Schwarze kein Mensch sei und deshalb wie eine Sache behandelt werden könne. Es ist bemerkenswert, daß genau dasselbe Argument in dem Gerichtsbescheid benutzt wurde, um die Abtreibung zu legalisieren. Vor hundertfünfzig Jahren konnte ein Schwarzer versklavt werden, weil er vor dem Gesetz kein Mensch war; in den letzten zehn Jahren wurden über zwölf Millionen ungeborener Kinder getötet, weil der Oberste Gerichtshof entschieden hat, daß sie noch keine Menschen sind. Als Christen müssen wir angesichts unserer früheren Unterlassungen diese falsche und verzerrte Ansicht über die Bedeutung der Rasse eingestehen und darüber hinaus alles versuchen, um heutige Rassenvorurteile aus der Welt zu räumen. Wir können dankbar sein für solche Christen wie Shaftesbury, Wilberforce und Wesley, die aufgrund der absoluten biblischen Maßstäbe sagen konnten, daß dieses Unheil und diese Ungerechtigkeiten absolut falsch sind. Aber wir können es uns kaum erlauben, über die vergangenen Generationen zu Gericht zu sitzen, wenn gerade heute wieder dieselbe Lüge benutzt wird, um mutwillig menschliches Leben zu zerstören.[37]

Zweitens erhebt sich die Frage nach dem mitleidsvollen Einsatz des Reichtums. Wie ich schon in der Vergangenheit hervorgehoben habe, bedeutet dies zweierlei: den Reichtum zunächst in Gerechtigkeit zu erwerben – und ihn dann mit wirklichem Mitleid einzusetzen. In der Tat habe ich mehrfach und an bedeutender Stelle gesagt, daß ich folgender Überzeugung bin: wenn Christen in den Himmel kommen und davon sprechen, wieviel Geld sie an Missionsgesellschaften gespendet haben, damit Schulen usw. gebaut werden können, dann wird ihnen der Herr sagen, es wäre besser gewesen, sie hätten weniger Geld zur Verfügung gehabt, dies aber rechtschaffen erworben.

Drittens besteht die Gefahr, Christentum und Heimatland zu verwechseln. In diesem Zusammenhang habe ich betont, daß wir erstens das Christentum nicht auf unsere Nationalflagge schreiben dürfen[38] und daß wir uns zweitens gegen die Vorstellung einer „höheren Bestimmung" verwahren müssen, die es unserer Nation erlauben würde, alles zu tun, was sie will. Wir sind verantwortlich für alles, was wir tun und für alles, was Gott uns gegeben hat, und wenn wir seine großen Gaben mit Füßen treten, dann werden wir eines Tages sein Gericht erfahren.[39]

Die Abwertung der Geschichte

Nachdem wir diese schwerwiegenden Schwächen nun eingestanden haben, müssen wir aber auch anerkennen, daß das Christentum in der Tat einen tiefgreifend positiven Einfluß auf die Gestaltung des Westens hatte. Wenn Historiker den christlichen Einfluß bei der Gründung der USA zu sehr abwerten, dann ist dies keine gute Geschichtswissenschaft und verweigert zudem Gott die Ehre für all das Gute, das aus dem christlichen Einfluß und insbesondere aus dem reformatorischen Christentum hervorging. In jenen Tagen herrschte allgemein im Land ein massives biblisches Wissen, das besonders die großen Erweckungen bewirkt hatten. Dies übte einen tiefgreifenden Einfluß aus, und viele säkulare Historiker stimmen dem zu, daß es einen allgemein christlichen Konsens oder ein entsprechendes Ethos gab.

Aber hiermit soll nicht die törichte Behauptung aufgestellt werden, daß alle Gründer der Vereinigten Staaten Christen gewesen wären. Sie waren es nämlich nicht. Jedermann weiß z. B., daß Jefferson ein Deist war. Aber als Deist wußte er, daß ein Gott existiert, und dies machte einen großen Unterschied in bezug darauf, wie er die Welt verstand. Es bedeutete insbesondere, daß Jefferson das Konzept der unveräußerlichen Rechte auf einen Schöpfer gründete. Auch wenn das Konzept im Fall Jefferson z. B. fehlerhaft war, besteht zwischen seinen und den Gedanken der Aufklärung, die zum Massenblutbad der Französischen und der Russischen Revolution führten, ein drastischer Unterschied. Oder nehmen wir z. B. John Witherspoon, den presbyterianischen Geistlichen und Präsidenten jener Universität, die heute als Princeton University bekannt ist: von allen Unterzeichnern war er der einzige Pastor, der seine Unterschrift unter die Unabhängigkeitserklärung setzte. Sein Denken war nicht immer folgerichtig, so wie bei uns allen. Aber es ist sehr eindrucksvoll, womit er sich anlegte, als er in einer Predigt Thomas Paine öffentlich beim Namen nannte und ihn als den „Mann der Aufklärung" attackierte. Witherspoon focht in direkter Weise Paines von der Aufklärung übernommene Ansichten an, die die Vervollkommnungsfähigkeit des Menschen betrafen; er stellte ihnen die biblische Sicht vom Gefallensein und von der Verlorenheit des Menschen entgegen, die zwangsläufig zu einer Unvollkommenheit in allen Bereichen der Regierungsgewalt führen müssen.[40] Witherspoons politische Ansichten waren nicht immer richtig. Aber sein Christsein wirkte sich auf sein Verständnis von der politischen Realität seiner Zeit aus.

Heute aber gibt es in evangelikalen Kreisen Menschen, die unter dem Deckmäntelchen der Gelehrsamkeit alles dies herabwürdigen und so tun, als ob sich der christliche Konsens in einem ständigen Durcheinander befunden hätte. Wie weit dies getrieben wird, kann man bei einem christlichen Historiker erkennen, der dieses Durcheinander bis auf die Reformation zurückführt. So schreibt er also:

(Schaeffers) Verworrenheit beruht auf seiner Unfähigkeit, den Protestantismus als die religiöse Form des Humanismus in der Renaissance zu sehen. Gewiß *sagten* die Protestanten, ihr Gewissen sei durch die Bibel als der alleinigen Autorität (*„sola scriptura"*) inspiriert. Trotzdem wissen wir alle von der Unfähigkeit der Protestanten, über die Aussagen der Bibel zu einer einheitlichen Meinung zu kommen, geschweige denn darüber, was für eine Art von Buch sie ist. In seinem Triumph ist Schaeffer blind für die Ironie und Tragik der protestantischen Bewegung, denn er weigert sich, sie als einen Aspekt der humanistischen Bewegung selbst zu sehen. In seinen verschiedenen Werken beschwört Schaeffer die Reformation als die Antwort auf das Problem des Humanismus, wobei sie in Wirklichkeit aber Teil des Problems ist.[41]

Verstehen sie, was hier gesagt wird? Die Bedeutung der Reformation wird vollständig abgewertet und dem Humanismus untergeordnet. Die Reformation und die Sicht der Reformation von der *sola scriptura* – der Bibel als der alleinigen Basis für die christliche Wahrheit – wird vollständig verworfen. Alles, wofür die Reformation stand, versinkt in einem Sumpf der Synthese und der Relativität. Genau dieselbe Richtung vertreten die relativistischen, nicht-christlichen, säkularisierten Historiker unserer Tage. Dies stellt auch keinen Disput über geschichtliche Fakten dar; in der Tat würden viele nicht-christliche Historiker dieser radikal verunglimpfenden Sicht des reformatorischen Gedankens ihre Zustimmung verweigern. Hier liegt vielmehr eine Infiltrierung durch ein gänzlich säkularisiertes Denken vor, das allerdings den Eindruck evangelikaler Gelehrsamkeit erwecken soll. Ja, wir müssen uns gegen alle die stellen, die in naiver Art und Weise die gesamte Vergangenheit „taufen" wollen und die das Christentum am liebsten auf die Nationalflagge schreiben würden. Aber genauso müssen wir uns auch gegen die stellen, die sich dem Zeitgeist unserer Tage anpassen und dabei das Deckmäntelchen der Gelehrsamkeit tragen, in ihrem Gedankengang aber nicht nur die geschichtlichen Tatsachen verzerren, sondern auch die christliche Wahrheit.[42]

Akademische Infiltration

Trauriger Weise müssen wir gestehen, daß die evangelikale Welt ihre Sache auf dem Gebiet der Bildung nicht gut gemacht hat. Auf jedem wissenschaftlichen Gebiet ist die Versuchung und der Druck, sich anzupassen, übergroß. Die Evangelikalen taten recht daran, den engstirnigen Pietismus zurückzuweisen, der das Christsein auf einen sehr begrenzten Bereich geistlichen Lebens reduzierte. Die Evangelikalen hatten recht, die Herrschaft Jesu Christi über alle Gebiete der Kultur – Kunst, Philosophie, Gesellschaft, staatliche Gewalt, akademische Belange usw. – hervorzuheben. Aber was passierte dann? Viele junge Evangelikale hörten diese Botschaft, gingen hinaus in die akademische Welt und erwarben ihre akademischen Titel an den besten säkularen Hochschulen. Aber in diesem Prozeß geschah etwas. Umgeben von vollkommen humanistischen Hochschulen und Universitäten mit ihren gänzlich humanistisch ausgerichteten wissenschaftlichen Fachrichtungen ließen sich viele dieser jungen Evangelikalen von der antichristlichen Weltanschauung infiltrieren, die das Denken ihrer Hochschulen und Professoren beherrschte. In diesem Prozeß wurde jeder spezifisch evangelikale christliche Standpunkt an die säkularistische Denkweise der jeweiligen wissenschaftlichen Fachrichtung und an den Zeitgeist unserer Tage angepaßt.[42a] Um den Kreis zu schließen: viele dieser ehemaligen Studenten lehren heute an evangelikalen Hochschulen, wobei das, was sie in ihren Seminaren vertreten, wenig spezifisch christlichen Inhalt hat.

Beachten Sie, daß diese Kritik keinen Ruf nach intellektuellem Rückzug oder einem neuen Anti-Intellektualismus darstellen soll. Evangelikale Christen sollten bessere Wissenschaftler sein als die Nichtchristen, denn sie wissen, daß es im Gegensatz zum Relativismus und zum einengenden Reduktionismus jeder wissenschaftlichen Fachrichtung wirklich Wahrheit gibt. Aber allzuoft haben Christen die akademische Welt mit einer naiven, glasäugigen Faszination betreten und ihre kritische Beurteilung nebst der christlichen Wahrheit hinter sich gelassen.

Innerhalb der akademischen Welt tobt der Kampf, in dem wir uns befinden, am heftigsten. Jede wissenschaftliche Fachrichtung wird beherrscht von säkularistischem Denken – besonders in der Verhaltensforschung, den Geisteswissenschaften und den Künsten. Es ist Teil unserer Aufgabe als Christen, diese Gebiete zu verstehen und sie zu studieren, um ihnen dann aber aufgrund eines entschiedenen christlichen Standpunktes eine kritische Antwort zu geben. Aber beachten Sie, daß dies, wie ich schon im vorangegangenen Kapitel erwähnte, zweierlei einschließen muß: 1. eine wirkliche Bibelgläubigkeit, und 2. eine liebevolle, aber entschiedene Konfrontation mit den Auswirkungen der falschen Weltanschauung unserer Zeit. Bitte, nehmen Sie dies nicht auf die leichte Schulter. Wir können uns nicht zurückziehen und das Christsein auf ein eng begrenztes geistliches Leben reduzieren; aber in der vollkommen säkularistischen akademischen Welt herrschen große Gefahren und Versuchungen. Es ist sehr schwierig, in dieser Welt vier Jahre oder länger an einer Universität oder Hochschule zu studieren und sich nicht von der modernen Weltanschauung infiltrieren zu lassen. Und wenn man auch noch Lehrer ist, dann wird die Gefahr noch weitaus größer durch den übermächtigen Druck, sein eigenes Denken anzupassen, damit man innerhalb der vom säkularistischen Denken beherrschten Fachrichtungen als Wissenschaftler geachtet wird.

Die Verantwortung der Professoren an den evangelikalen christlichen Schulen aber nimmt furchteinflößende Dimensionen an. Jawohl, sie müssen deutlich und sorgfältig die ganze Bandbreite des Fachwissens ihrer Fachrichtung vorstellen. Aber dies ist gerade erst der Anfang ihrer Verantwortung. Werden sie anschließend die Punkte verdeutlichen, bei denen sich fundamentale Konflikte zwischen den Auffassungen ihrer Fachrichtung und der biblischen Wahrheit befinden? Oder werden sie – im Namen der akademischen Freiheit oder Toleranz oder Neutralität – alles an sich vorbeigehen lassen, ohne eine Gegenüberstellung zu wagen? Die Welt verhält sich da anders. Der marxistische Soziologieprofessor einer säkularen Universität ist nicht an Neutralität interessiert, sondern er wird dafür sorgen, daß seine ideologische Position für seine Studenten verständlich wird. Ich möchte noch einmal betonen, daß die evangelikale Welt oft darin versagt hat, auf dem

Gebiet der akademischen Bildung einen klaren Standpunkt zu vertreten. Dies gilt natürlich nicht für jeden einzelnen, und wir können dankbar für diejenigen sein, die eindeutig Position bezogen haben. Aber gestern wie heute wächst die Anpassung an den Zeitgeist, wie das auf vielen Gebieten zum Ausdruck kommt. Und aus diesem Grunde müssen wir uns fragen: wie viele Studenten sind an unsere Hochschule gekommen, weil sie nach dem Brot des Lebens suchten, statt dessen aber mit nichts als einer Handvoll Kieselsteine zurückblieben? Auch in den Hochschulen, die als die besten christlichen angesehen werden, ist diese Gefahr präsent. Das Problem kommt nicht erst in der Zukunft auf uns zu, sondern es ist gegenwärtig.

Falsche Prophetie

Anpassung, Anpassung. Wie doch das Trachten nach Anpassung wächst und sich ausbreitet! Ein weiteres Beispiel dafür ist der neue evangelikale Ruf nach Teilnahme am Weltkirchenrat. Es ist wirklich eine Ironie, daß gerade zu dem Zeitpunkt, als die säkulare Presse die Heuchelei des Weltkirchenrats aufdeckte und scharf kritisierte, die evangelikale Leiterschaft und einflußreiche evangelikale Publikationen den Weltkirchenrat priesen. Weil der Artikel der *Time* „Die merkwürdige Taktik der Ökumene" eine solche bemerkenswerte Einsicht in die Sache aufweist, möchte ich ein ausführliches Zitat vorstellen:

> Vielen konservativen Christen in Westeuropa und in den USA erscheint der Weltrat der Kirchen, eine Dachorganisation für 301 protestantische und orthodoxe Denominationen mit mehr als 400 Millionen Mitgliedern, als ein kirchliches Gegenstück der Vereinten Nationen. Empfänglich für den wachsenden Einfluß der Kirchen in der Dritten Welt, hat sich der Rat anscheinend zu einem Forum für

unerbittliche Anklagen gegen die Sünden der amerikanischen Politik und des Kapitalismus entwickelt. Mittlerweile vertritt der Weltrat der Kirchen gegenüber kommunistischen Regimen eine Politik, die einige Kritiker die „Wir-sehen-nichts-Böses-Politik" nennen. (...)
Die sechste Versammlung des Weltrats der Kirchen an der Universität von British Columbia in Vancouver, die von 838 Delegierten aus 100 Ländern sowie von mehreren tausend Gästen besucht wurde, unternahm nichts, was den Verdacht eines antiwestlichen Vorurteils hätte mildern können. So entwarf z. B. ein Komitee unter Federführung von William B. Thompson, einem der beiden höchsten Männer der amerikanischen Presbyterian Church, in der vergangenen Woche eine formelle Erklärung über Afghanistan. In enger Zusammenarbeit mit Delegierten aus sowjetischen Kirchen legte das Komitee ein Dokument vor, über das Stillschweigen gewahrt wurde. Dieses Dokument forderte den Abzug der sowjetischen Truppen als Teil eines umfassenden politischen Übereinkommens; dies war eine der wenigen Gelegenheiten, in denen die UdSSR vom Weltrat der Kirchen in einer persönlichen Deklaration ausdrücklich genannt wurde. Aber die Erklärung führte in der Tat weiter aus, daß die sowjetischen Truppen so lange in Afghanistan bleiben sollten, bis ein Übereinkommen erreicht wird, und sie empfahl, daß die Hilfe für die antikommunistischen Rebellen eingestellt werden sollte. Thompsons Komitee verfaßte auch eine scharfzüngige Attacke gegen die Politik der USA in Mittelamerika. Das Dokument pries die „lebenssichernden Leistungen" der nikaraguanischen Regierung; Kuba wurde mit keinem Wort erwähnt.
Bischof Alexander Malik von der pakistanischen Kirche, einer Union von anglikanischen und protestantischen Bünden, verlangte, daß die Afghanistan-Erklärung an das Komitee zurückgeschickt werden sollte, damit der Erklärung ein geziemendes Maß an Aufrichtigkeit beigefügt

würde: „Wenn es um irgendeine westliche Nation ginge, wären wir nach meiner Meinung mit den schärfsten Wörtern des Lexikons über sie hergefallen. Die UdSSR hat einem Nachbarstaat gegenüber eine sehr aggressive Tat begangen, und dies muß verurteilt werden." Maliks Empfehlung wurde aber zurückgewiesen, nachdem der russisch-orthodoxe Erzbischof Kirill davor gewarnt hatte, daß jedwede schärfere Erklärung seiner Kirche „furchtbare Schwierigkeiten" einbringen und „eine Infragestellung unserer Loyalität der ökumenischen Bewegung gegenüber" bedeuten würde.

Dies war die Auslese der Politik des Weltkirchenrates! Der Rat ist gewillt, einen weiteren Imageverlust zu riskieren, nicht nur, indem viele westliche Kirchenführer den Angriffen auf die US-Politik und ihre Alliierten zustimmen, sondern auch, weil vermeintlich der Preis des Schweigens gezahlt werden muß, damit die Kirchen des Sowjetblocks im Rat verbleiben können. Diese pragmatische – einige würden sagen, kurzsichtige – Haltung hält den Weltrat der Kirchen auch davon ab, die Notlage der Gläubigen in der Sowjetunion anzusprechen. Das dramatischste Ereignis der letzten Versammlung vor acht Jahren in Nairobi bestand in der Veröffentlichung eines offenen Briefes zweier sowjetischer Dissidenten, Pater Gleb Yakunin und Lev Regelson, die den Rat verklagten, weil er geschwiegen hatte, als „die russisch-orthodoxe Kirche" in den frühen sechziger Jahren dieses Jahrhunderts „bis zur Hälfte zerstört worden war", und sie baten inständig darum, daß gegen die Verfolgung in der Sowjetunion vorgegangen werde.[43]

Später wendet sich derselbe Artikel den Themen des Zeugnisablegens und der Verkündigung des Evangeliums zu. Hier merkt *Time* an:

> Während der Versammlung kam es zu einiger Aufregung um ein nicht-politisches Dokument mit dem Titel „Witness in a Devided World". Bischof Per Lonning von der Norwegischen Kirche (Lutherisch) nannte es einen „gefährlichen Rückschlag", weil das Dokument einen „Mangel an missionarischer Eindringlichkeit" aufwies und es versäumte, die Einzigartigkeit des christlichen Glaubens zu betonen. Dem zustimmend, votierten die Delegierten nahezu einmütig für eine Überarbeitung des Dokuments, aber da sie sich hernach mit einem Bündel politischer Erklärungen über alles mögliche beschäftigten, angefangen von Nuklearwaffen (Ja zu einem Einfrieren) bis zu den Rechten der Palästinenser (mit emphatischer Zustimmung), bot sich ihnen keine Gelegenheit mehr, in bezug auf die Überarbeitung des Dokuments tätig zu werden.[44]

Vergleichen Sie dies nun einmal mit dem, was unsere eigene evangelikale Führung und Presse berichteten. Ein Artikel in *Christianity Today* stellte fest:

> Die Evangelikalen waren begeistert von der neuen Erklärung des Weltrates der Kirchen zu Mission und Verkündigung des Evangeliums. Diese Erklärung zeigt den Einfluß der evangelikalen Theologie in ihrem starken Ruf nach Verkündigung des Evangeliums und der persönlichen Bekehrung zu Christus. (...)
> Von meinem subjektiven Empfinden her war dies eine der stärksten geistlichen Erfahrungen meines Lebens. Wir befassen uns hier mit nicht-greifbaren Dingen, aber ich muß einfach bekunden, daß ich mich noch niemals unter so vielen überaus liebenswürdigen, freundlichen Christenmenschen (Anmerkung des Verfassers: damit sind die Abgeordneten des Weltkirchenrates gemeint) befunden habe (...). Alles schien durch die Anwesenheit des Heiligen Geistes geadelt zu sein. Die einzigen Auseinandersetzungen in Vancouver hatte ich mit meinen evangelikalen Brüdern. (...)

Die Mehrheit der evangelikalen Fraktion, die an der Versammlung teilnahm, war ebenfalls so begeistert, daß sie eine Erklärung zum Lob des Weltkirchenrates verfaßte und die Evangelikalen einlud, ihre Gaben für die weitere Arbeit zur Verfügung zu stellen.[45]

Im weiteren Verlauf dieses Berichts wurde jeder marxistische Einfluß unberücksichtigt gelassen, die „Verschwommenheit" des Rates bezüglich der „Einzigartigkeit der Erlösung in Christus" bagatellisiert, der Aufruf des Rates zu einseitiger Abrüstung verteidigt und ganz allgemein ein Weg gesucht, um alles, was bei der Versammlung geschah, in angenehmem Licht erscheinen zu lassen.

Ist es dennoch möglich, daß der Verfasser dieses Berichts in *Christianity Today* an derselben sechsten Versammlung des Weltrates der Kirchen teilgenommen hat wie der Verfasser des *Time*-Artikels? Man sollte doch meinen, daß er wenigstens genausoviel Einblick in die Versammlung hätte haben müssen wie die säkulare Zeitschrift *Time*. Wieder einmal sehen wir, daß die Welt oft besser begreift, was wirklich geschieht, als die auf Anpassung bedachten Evangelikalen. Man kann sich kaum erklären, wie dieser Beobachter mit einem so naiv gefälligen Bericht davonkommen konnte – besonders, wenn wir einige andere Dinge bedenken, die während jener Vancouver-Versammlung geschahen.

Als Beispiel dafür, wie weit die Anpassung fortgeschritten ist, unterzeichneten 200 Evangelikale, viele von ihnen bekannte Führungspersönlichkeiten in der evangelikalen Welt, die Erklärung zur Belobigung des Weltkirchenrates und die Aufforderung zur verstärkten Teilnahme der Evangelikalen. Einer der wenigen evangelikalen Persönlichkeiten, die die Erklärung zur Unterstützung des Weltkirchenrates nicht unterzeichneten, war Dr. Peter Beyerhaus, Professor an der Tübinger Universität in Westdeutschland. In einer alternativen Erklärung kommentierte Dr. Beyerhaus, der schon seit langer Zeit den Weltkirchenrat beobachtet, die Versammlung wie folgt:

Die Geschichte in einem materialistischen Zusammenhang zu sehen, ist das Hauptkennzeichen der marxistischen Ideologie, die in Form der „Theologie der Armen" sogar Zugang zu den Missionsdokumenten in Vancouver gefunden hat. (...)
Vertreter der traditionellen christlichen Lehren (wurden) zusammen mit Männern und Frauen (genannt), die radikale Glaubensansichten vertreten, welche mit den orthodoxen biblischen Überzeugungen unvereinbar sind. Ein besonders herausragendes Beispiel bot Dr. Dorothee Sölle. Sie übte heftige Kritik am biblischen Konzept von Gott und seiner Herrschaft, indem sie dabei von einer „Gottes-Bewegung" sprach, und sie ging sogar soweit, ihre Zuhörer zu ermutigen, „neue Bibeln" zu schreiben.
Andere Redner ermutigten die Frauen, ihre weiblichen Erfahrungen zum Ausgangspunkt einer vollkommen neu zu entwickelnden Theologie zu machen, in der die Achtung gegenüber dem biblischen Vater-Gott in den Kult einer Gott-Mutter umgewandelt werden sollte.
Nicht-christliche Religionen werden als Wege dargestellt, auf denen Christus selbst ihren Anhängern Leben gibt und auch zu uns als Christen spricht. Die Befürchtung vieler, daß sich der Weltkirchenrat zunehmend auf einen Synkretismus hinbewegt, wird dadurch bestätigt, daß die indische Mythologie in das Anbetungsprogramm aufgenommen wurde (...) und daß ein führender Offizieller des Weltkirchenrates ausdrücklich erklärte, (...) daß eine evangelistische Erweckung unseren Dialog mit anderen Religionen gefährde.
Die Glaubwürdigkeit des Anspruchs des Weltkirchenrates, eine prophetische Stimme zu sein, die die Unterdrückung der Menschenrechte anprangert, wird wieder einmal durch

die politische Einseitigkeit beeinträchtigt, mit der nur auf solche Verletzungen hingewiesen wird, die in der nicht-marxistischen Welt geschehen; hingegen werden schwerwiegende Verstöße durch sozialistische Staaten, deren ökumenischen Vertretern man in der Versammlung Beifall für ihr leidenschaftliches Eintreten für Frieden und Gerechtigkeit zollt, sehr zurückhaltend beurteilt oder stillschweigend übergangen. Dies gilt insbesondere in bezug auf die Verfolgung der Kirchen und der bekennenden Christen in diesen Ländern.
Der entscheidende Mangel der Versammlung ist das Fehlen einer wahrhaft biblischen Diagnose über die grundlegend mißliche Lage der Menschheit: unsere Trennung von Gott durch unsere Sünde. Ferner fehlt das Aufzeigen des biblischen Heilsweges, d. h. unserer Wiedergeburt, gewirkt vom Heiligen Geist aufgrund von Buße und persönlichem Glauben an Jesus Christus, wodurch unser gegenwärtiges Leben verändert wird und wir ewige Gemeinschaft mit Gott haben. Eine ziemlich optimistische Sicht von der menschlichen Natur und unserer Fähigkeit, uns selbst zu helfen, führt wieder einmal zu einer universalistischen Ansicht über die Erlösung.[46]

Dr. Beyerhaus führt in seiner Erklärung noch viel mehr an, was ganz offensichtlich beweist, wie grundsätzlich unvereinbar das Programm und die Philosophie des Weltkirchenrates der historischen, christlichen Orthodoxie gegenüberstehen. Aber beachten Sie bitte sorgfältig: hier geht es nicht um die Frage, ob wir einer Denomination angehören sollten, die Mitglied des Weltkirchenrates ist. Dies ist eine Sache der persönlichen Gewissensentscheidung, die jeder für sich selber fällen muß (obwohl ich persönlich nicht zu einer solchen Denomination gehören könnte). Die eigentliche Frage bezieht sich vielmehr auf die Gemeindezucht als eines der wahren Kennzeichen einer wahren Kirche. Und hier sehen wir nun, wie evangelikale Führungspersönlichkeiten das Prinzip der Gemeindezucht sogar dort verlassen, wo es um die zentralen Glaubensgrundsätze geht; sie rufen die Evangelikalen auf, sich mit dem Verbleib in ihren fortdauernd pluralistischen Denominationen zufrieden zu geben – in dieser Mischung aus bibelgläubigen Christen und jenen, die selbst die extremsten Ansichten der liberalen Theologie vertreten. Da jegliche Vorstellung und jede Hoffnung aufgegeben wurde, daß die Kirche jemals durch die Anwendung der Gemeindezucht gereinigt werden könnte, wird jede beliebige Irrlehre und Unwahrheit in der Kirche Jesu Christi als normal hingenommen. Dr. Beyerhaus' Schlußfolgerung trifft die Sache ganz genau: „Alle diese Beobachtungen tragen zu unserer Befürchtung bei, daß der Weltkirchenrat in der Gefahr steht, zum Sprachrohr für falsche Prophetie gegenüber der Christenheit zu werden.[47]

Der neue Utopismus

Interessanterweise kann man feststellen, daß es auf der Tagesordnung einen ganzen Katalog von Fragen gibt, bei deren Behandlung sich der Weltrat „auf die falsche Seite begeben hat", eine Vorgehensweise, der sich die evangelikale Welt in zunehmendem Maße angepaßt hat. Eine dieser Fragen, die ich besonders erwähnen möchte, bezieht sich auf die unbedingte Notwendigkeit der Christen, sich gegen die Tyrannei zu stellen – sei es Tyrannei von rechts oder von links. Dies schließt auch jene Tyrannei ein, die im Ostblock existiert, ebenso wie die Tyrannei, die sich über den Globus auszuweiten sucht, denn die Philosophie des Marxismus und der Sowjetunion ist ihrer Natur nach expansionistisch. Bedenken Sie ebenfalls, daß das Sowjetsystem *vollkommen* auf derselben Ansicht über die letzte Realität basiert, die heute unter dem Namen des

„Humanismus" für die Zerstörung unseres eigenen Landes und unserer eigenen Kultur verantwortlich ist.

Natürlich muß man der Ausgewogenheit halber folgendes hinzufügen: ich möchte noch einmal anmerken, daß unser Land niemals perfekt war – unser Land war niemals perfekt, und heute ist es dies mit Sicherheit noch weniger. Vor Jahren habe ich noch dafür gebetet, daß unser Land der Gerechtigkeit unterworfen werde; heute flehe ich nur noch um Gnade. All das Licht, das uns gewährt wurde, und all die Errungenschaften des biblischen Einflusses, die wir genossen haben – und dann all das verworfen und zertreten zu haben – wirklich, wir verdienen Gottes Gericht. Dies soll uns jedoch nicht vergessen lassen, daß sich die sowjetische Position noch tiefer in der Sackgasse befindet. Unseren Nächsten so zu lieben, wie wir es wirklich tun sollten, heißt zunächst einmal, alles in unserer Macht Stehende zu tun, um denjenigen zu helfen, die heute unter diesem System verfolgt werden (besonders darf die Verfolgung unserer christlichen Brüder und Schwestern im Ostblock nicht verharmlost werden); zweitens müssen wir uns davor hüten, bei der Ausweitung dieser Unterdrückung in weitere Länder behilflich zu sein. Wir sollten nicht vergessen, daß wir in einer gefallenen Welt leben, und dürfen daher nicht die im Augenblick vorherrschenden utopischen Ansichten über die Abrüstung unterstützen.

Die Bibel ist hier eindeutig: ich soll meinen Nächsten lieben wie mich selbst, und zwar so, wie die Not es gebietet, auf praktische Art und Weise, inmitten einer gefallenen Welt, zu meinem bestimmten Zeitpunkt in der Geschichte. Aus diesem Grunde bin ich kein Pazifist. In dieser armseligen Welt, in der wir leben – in dieser verlorenen Welt –, bedeutet Pazifismus, daß wir jene Menschen im Stich lassen, die unsere Hilfe am nötigsten haben.

Lassen sie mich das veranschaulichen. Ich gehe die Straße hinunter und stoße auf einen großen, stämmigen Mann, der im Begriff ist, ein kleines Kind totzuschlagen – er schlägt also dieses kleine Mädchen – er schlägt – er schlägt. Ich flehe ihn an, aufzuhören. Angenommen, er weigert sich. Was bedeutet Liebe in diesem Zusammenhang? Liebe bedeutet, daß ich ihn auf alle mir zur Verfügung stehende Weise behindere, einschließlich der Möglichkeit, ihn zu schlagen. Dies ist für mich nicht nur aus humanitären Gründen eine Notwendigkeit, es bedeutet vielmehr Loyalität gegenüber Christi Geboten, die sich auf die christliche Liebe in einer gefallenen Welt beziehen. Was geschieht nun mit dem kleinen Mädchen? Wenn ich die Kleine mit dem brutalen Kerl allein lasse, dann bin ich der wahren Bedeutung christlicher Liebe untreu geworden – nämlich der Verantwortung meinem Nächsten gegenüber. Die Kleine, ebenso wie der Mann, sind meine Nächsten.

Die klarste Veranschaulichung zu diesem Thema, die man sich überhaupt denken kann, bietet uns der Zweite Weltkrieg. Wie steht es denn mit Hitlers Terrorismus? Es gab keinen anderen Weg, dem schrecklichen Terror im Hitlerdeutschland ein Ende zu setzen, als durch Waffengewalt. Es gab keinen anderen Weg. Was meine Meinung angeht, war die Waffengewalt das notwendige Außenwerk der christlichen Liebe in einer Welt, die nun einmal gefallen ist. Die Welt ist eine anormale Welt. Aufgrund des Sündenfalls ist sie nicht mehr so, wie Gott sie ursprünglich gedacht hatte. Es gibt in dieser Welt vieles, was Kummer macht, aber dem müssen wir ins Gesicht sehen. Wir können uns niemals den Luxus erlauben, bloß utopisch zu handeln. Utopische Programme haben in dieser gefallenen Welt immer Tragödien hervorgebracht. Die Bibel ist an keiner Stelle utopisch.

Uns alle schmerzt jeder Krieg, und besonders ein möglicher Atomkrieg. Aber in einer gefallenen Welt gibt es viele Dinge, die uns schmerzen, denen wir uns aber stellen müssen. Seit dem Zweiten Weltkrieg haben die Europäer, mehr noch als die Amerikaner, den Schutz durch Nuklearwaffen gewollt und ihn auch gefordert. Wir sind an einem verrückten Punkt angekommen, an dem sich beide Seiten mit wild wuchernden

Nuklearwaffenarsenalen gegenüberstehen. Natürlich müssen darüber Gespräche geführt werden, wie auch diese Kapazität, falls möglich, reduziert werden muß. Aber der grundsätzliche Umstand hat sich nicht geändert: mehr noch als zur Zeit Winston Churchills wäre Europa heute von der militärischen und politischen Herrschaft der Sowjetunion bedroht, gäbe es nicht die Atomwaffen der NATO.

In diesem Zusammenhang sind die Äußerungen, die Yves Montand, der linksgerichtete französische Filmschauspieler vor kurzem machte, interessant. Montand ist übrigens der Ehemann von Simone Signoret, die seit 35 Jahren als die Stimme der Linken in Frankreich bekannt ist; Simone Signoret hat sich sehr in den linksgerichteten politischen Bewegungen Europas engagiert. Im Lichte alles dessen ist Montands Erklärung bemerkenswert, daß die gegenwärtige Friedensbewegung und die Friedensdemonstrationen gefährlicher sind als Stalin selbst.

Eine einseitige Abrüstung wäre in dieser gefallenen Welt, besonders angesichts des aggressiven sowjetischen Materialismus mit seiner anti-göttlichen Basis, ganz und gar utopisch und romantisch. Sie würde, wie es der Utopismus in dieser gefallenen Welt immer getan hat, zu einer Katastrophe führen. Es mag sich vernünftig anhören, wenn man von einem Einfrieren auf dem jetzigen Stand spricht, oder wenn man sagt: „Wir werden niemals als erste Atomwaffen einsetzen." Aber wenn wir dies gründlich überdenken, käme beides einer einseitigen Abrüstung gleich. Man darf in diesem Zusammenhang auch nicht vergessen, daß ein Einfrieren den momentan existierenden Waffen keinerlei Beschränkungen auferlegen würde; durch eine solche Maßnahme gäbe es keine gegenwärtige Garantie für die Sicherheit. Man kann die Romantik der liberalen Theologen in dieser Angelegenheit verstehen, denn der Liberalismus stimmt der biblischen Betonung vom Gefallensein dieser Welt nicht zu. Man kann auch den Pazifismus der „Friedenskirchen" verstehen: sie haben schon immer das

Gebot Christi an den einzelnen, die andere Wange hinzuhalten, in verfehlter Weise auf den Staat ausgeweitet. Sie verkennen die gottgegebene Verantwortung des Staates, seine Bevölkerung zu schützen und in einer gefallenen Welt für Gerechtigkeit einzutreten. Beide Anschauungen sind verständlich, aber beide liegen falsch. Wenn sie sich durchsetzen und die Regierungspolitik bestimmen, dann wird aus dem Fehler eine Tragödie werden.

Aber wenn diejenigen, die sich selber als Evangelikale bezeichnen, anfangen, in der allgemeinen, gedankenlosen Parade unserer Tage mitzutrotten und sich romantische, utopische Haltungen zu eigen machen, dann wird es Zeit, dem laut und deutlich Widerstand zu entgegenzusetzen. Wenn wir an diesem Punkt Anpassung akzeptieren, wie können wir dann noch sagen, wir liebten unseren Nächsten?[48]

Die feministische Subversion

Es gibt noch eine letzte Ebene, die ich erwähnen möchte. Auch hier haben sich Evangelikale dem Zeitgeist unserer Tage angepaßt, was zu tragischen Resultaten geführt hat. Ich meine damit den gesamten Bereich von Ehe, Familie, Sexualmoral, Feminismus, Homosexualität und Ehescheidung. Ich fasse diese Punkte zu einem Gesamtthema zusammen, da sie alle in einem direkten Zusammenhang stehen und in der Tat Teil eines der bedeutendsten Aspekte der menschlichen Existenz sind.

Das biblische Muster

Warum sind die Ehe und die damit zusammenhängenden Aspekte der menschlichen Sexualität so wichtig? Die Bibel lehrt, daß die eheliche Beziehung nicht lediglich eine menschliche Institution ist, sondern daß sie vielmehr tatsächlich ein heiliges Geheimnis ist, das, wenn es geachtet wird, etwas über das Wesen Gottes enthüllt. Aus diesem Grunde können wir feststellen, daß die eheliche Beziehung zwischen Mann und Frau quer durch die Bibel hervorgehoben wird, als ein Bild, eine Illustration, ein Muster der wunderbaren Beziehung zwischen dem Individuum und Christus und zwischen der Kirche und Christus. So heißt es in Epheser 5,25–32:

> Ihr Männer, liebt eure Frauen, wie auch der Christus die Gemeinde geliebt und sich selbst für sie hingegeben hat, um sie zu heiligen, sie reinigend durch das Wasserbad im Wort, damit die Gemeinde sich selbst verherrlicht darstellte, die nicht Flecken oder Runzel oder etwas dergleichen habe, sondern daß sie heilig und tadellos sei. So sind auch die Männer schuldig, ihre Frauen zu lieben wir ihre eigenen Leiber. Wer seine Frau liebt, liebt sich selbst. Denn niemand hat jemals sein eigenes Fleisch gehaßt, sondern er nährt und pflegt es, wie auch der Christus die Gemeinde. Denn wir sind Glieder seines Leibes. „Deswegen wird ein Mensch Vater und Mutter verlassen und seiner Frau anhängen, und die zwei werden ein Fleisch sein." Dieses Geheimnis ist groß, ich aber deute es auf Christus und die Gemeinde.

Beachten Sie, mit wieviel Bedacht das Wort Gottes diese Beschreibung einer normativen ehelichen Beziehung und die Beschreibung der Beziehung zwischen Kirche und Christus miteinander verflechtet. Diese beiden Gestalten sind dergestalt miteinander verbunden, daß es fast unmöglich scheint, sie selbst mit einem scharfen Instrument wie dem Skalpell eines Chirurgen zu trennen. So lesen wir in Epheser 5,21–25 und 33:

> Ordnet euch einander unter in der Furcht Christ, die Frauen den eigenen Männern als dem Herrn! Denn der Mann ist das

Haupt der Frau, wie auch der Christus das Haupt der Gemeinde ist, er als des Leibes Heiland. Wie nun die Gemeinde sich dem Christus unterordnet, so auch die Frauen den Männern in allem. Ihr Männer, liebt eure Frauen, wie auch der Christus die Gemeinde geliebt und sich selbst für sie hingegeben hat. (...) Jedenfalls auch ihr – jeder von euch liebe seine Frau so wie sich selbst; die Frau aber, daß sie Ehrfurcht vor dem Mann habe.

Dies ist jedoch keine Einzelpassage, denn wir finden dasselbe Bild von Braut und Bräutigam an mehreren Stellen des Alten und Neuen Testaments (vgl. z. B. Johannes 3,28+29; Römer 7,1–4; Jeremia 3,14; 2. Korinther 11,1+2; Offenbarung 19,6–9).

So sehen wir also, daß die Beziehung von Mann und Frau in der Ehe und die Beziehung von Individuum und Kirche zu Christus aufs Innerste miteinander verbunden sind. Ebenso, wie es zwischen der menschlichen Braut und dem Bräutigam, die sich wirklich lieben, eine echte Einheit gibt, ohne daß die beiden Persönlichkeiten jedoch miteinander verwechselt werden, genauso bleibt in unserem Einssein mit Christus die Braut Braut und Christus bleibt Christus. Dieses großartige Verständnis dessen, wie die Bibel eine Parallele zwischen der Beziehung von Mann und Frau und unserer Einheit mit Christus zieht, lenkt unser Denken in zwei Richtungen. Zunächst läßt es uns die Großartigkeit, das Wunder und die Schönheit der Ehe verstehen; und zweitens verhilft es uns zu einem tiefen Einblick in die Beziehung zwischen Gott und seinem Volk und zwischen Christus und seiner Kirche.

Zerstörtes Leben

Aber was ist in unserer Generation mit diesem wunderbaren Bild von der Ehe geschehen? Es ist zerstört worden. Und wir müssen unter Tränen gestehen, daß die Zerstörung in unseren eigenen evangelikalen Kreisen fast genauso allumfassend ist. Schauen wir uns doch viele unserer evangelikalen Führungspersönlichkeiten und einen Großteil unserer evangelikalen Literatur an: wir finden dieselben zerstörerischen Ansichten über die Scheidung, den extremen Feminismus und sogar über die Homosexualität, wie sie auch in der Welt vertreten werden! Wie weit es in bezug auf die Scheidung mit den Evangelikalen gekommen ist, wird anhand der folgenden Beobachtungen und Zitate von Os Guinnes deutlich:

So schreibt z. B. ein christlicher Konservativer, daß der Zerbruch seiner Ehe zwar traurig, aber „auf eigene Art und Weise ein gesunder Neuanfang für jeden von uns beiden" war. Und er fährt fort, daß er, wie einst Abraham einem Glaubensruf folgte, der ihn dazu aufrief, die Sicherheit des Ehelebens zu verlassen und sich auf eine geistliche Pilgerreise zur emotionalen Selbstfindung zu begeben.
Ein anderer schreibt: „Ich hoffe, daß meine Frau sich niemals von mir trennt, denn ich liebe sie von ganzem Herzen. Aber wenn sie eines Tages das Gefühl hat, daß ich sie herabsetze oder daß ich bei ihr Gefühle der Unterlegenheit hervorrufe oder ihr in irgendeiner Weise im Wege stehe, so daß sie sich nicht zu der Persönlichkeit entwickeln kann, wie Gott sie wollte, dann hoffe ich, daß sie die Freiheit hat, mich rauszuschmeißen, auch wenn sie hundert Jahre alt sein sollte. Es gibt etwas Wichtigeres als den Fortbestand unserer Ehe, nämlich das, was mit Integrität, Persönlichkeit und Lebensziel zu tun hat."
Das Höchste an Spitzfindigkeit stellen jene hinterhältigen Menschen dar, die behaupten, *sich aus Treue zu Christus scheiden zu lassen!* Früher hätte dies nur jene Bedeutung haben können, daß der nicht-christliche Partner seinen christlichen Ehemann oder seine christliche Ehefrau wegen dessen Glauben verlassen hat. Heute bedeutet es aber oft,

daß sich ein Christ von einem anderen Christen wegen einer christlichen Streitfrage scheiden läßt.
Hätten Sie jemals gedacht, daß z. B. die Hinwendung zu einem einfacheren Lebensstil zu einer Scheidung führen könnte? Ja! – wie ein bestimmter Verfasser mit Nachdruck betont:
„Der Bruch entsteht schließlich dann, wenn man erkennt, daß man bei dieser Art von Gewissenskonflikt keine Kompromisse schließen kann. Die biblische Ethik lehrt, daß es verschiedene Stufen der Wichtigkeit und Dringlichkeit gibt. Und Jesu brennendes Interesse an dem Kommen seines Reiches als Gegenschlag zu unserer Kultur überwog bei weitem sein Interesse an der Aufrechterhaltung der Familienstrukturen. Es kann genausoviel Sünde in dem Versuch liegen, eine tote oder bedeutungslose Beziehung aufrechtzuerhalten, wie darin, eine zerbrochene Beziehung als solche anzuerkennen, sie Gott abzugeben und dann getrennte Wege zu gehen."
Aufgrund der Treue zu Christus Christus den Gehorsam zu verweigern! Welch exquisite Ironie![49]

Ja, auch hier muß auf Ausgeglichenheit geachtet werden! Wir müssen mit den Geschiedenen Mitleid haben – und mit allen anderen im menschlichen Beziehungsgeflecht, deren Leben infolge einer Scheidung zerstört wurde. Aber ein Großteil der evangelikalen Welt hat unter dem Deckmantel der Liebe jegliche Auffassung von Recht und Unrecht in bezug auf die Scheidung preisgegeben und nutzt jegliche Ausflucht, um den biblischen Eingrenzungen der Ehescheidung aus dem Wege gehen zu können.

Subversiver Einfluß

Wir können nicht über Scheidung sprechen, ohne gleichzeitig den extremen Feminismus einzubeziehen, denn er zählt mit Sicherheit zu den größten Beeinflussungen der steigenden Scheidungsrate unserer Tage. Es ist interessant, was der Herausgeber einer Zeitschrift, die sich selbst evangelikal nennt, über den Feminismus sagt:

> Seit Jahren vertreten die Rechten die Ansicht, daß der Feminismus die westlichen Werte korrumpiert und die amerikanischen Institutionen zu unterminieren droht. Diese Besorgnis habe ich niemals verstanden; ich hatte immer den Eindruck, daß die Rechten einfach Angst vor einer Veränderung hatten.
> Aber heute habe ich zunehmend den Eindruck, daß sie wirklich Recht haben. Der Feminismus ist, zumindest in einigen seiner Wesenszüge, zutiefst subversiv.
> Deshalb mag ich ihn.[50]

Dieser evangelikale Herausgeber hat zumindest in einem Sinne recht. Der Zeitgeist unserer Tage unterstützt eine extrem starke und subversive feministische Anschauung, die lehrt, daß Haus und Familie Wege zur Unterdrückung der Frau darstellten; daß Selbstverwirklichung und Karriere Vorrang vor der Ehe und den Bedürfnissen der Kinder habe, daß Haushalt und Kindererziehung demütigend sind, daß man seine Talente verschwendet, wenn man vollzeitlich Hausfrau ist. Dies alles hat natürlich verheerende Auswirkungen auf die Familie gehabt; ebenso aber auch auf die gesamte Gesellschaft, denn diejenigen, die unter zerrütteten Familienverhältnissen aufgewachsen sind, leben ihr zerrüttetes Leben mitten unter uns.[51]

Der Schlüssel zum Verständnis des extremen Feminismus liegt in der Vorstellung von der totalen Gleichheit, oder besser gesagt, in der Vorstellung von der *Gleichheit ohne Unterschied*. Auch hier müssen wir wiederum auf Ausgewogenheit achten. Die Bibel lehrt nichts über eine Ungleichheit von Mann und Frau. Jeder Mensch, ob Mann oder Frau, steht in gleicher Weise vor Gott: als eine Person, die nach seinem Bilde geschaffen wurde, und als Sünder, der der Rettung bedarf. Deshalb besitzt jede Person, egal, ob Mann oder Frau, eine *uneingeschränkte Gleichheit an Wert* vor Gott und voreinander; genauso besteht für jeden Menschen das *vollkommen gleiche Bedürfnis* nach Christus als dem Erlöser. Aber andererseits ist diese Gleichheit keine Gleichheit in Form von monolithischer Uniformität oder „Gleichförmigkeit" von Mann und Frau. Es ist vielmehr eine Gleichheit, die die fundamentalen Unterschiede zwischen den Geschlechtern bewahrt und die Verwirklichung und Erfüllung dieser Unterschiede vorsieht; gleichzeitig aber bestätigt sie alles, was Männern und Frauen gemeinsam ist – nämlich, daß beide nach dem Bilde Gottes geschaffen sind, und zwar als *sich ergänzender Ausdruck seines Bildes*. So müssen wir gleichzeitig zwei Dinge bekräftigen: weil sowohl Männer als auch Frauen nach dem Bilde Gottes geschaffen wurden, ist beiden eine Gleichheit zu eigen, die für das gesamte Leben von enormer Tragweite ist; weil sowohl Männer als auch Frauen mit besonderen Unterschieden als *sich ergänzender Ausdruck des Bildes Gottes* geschaffen wurden, hat dies enorme Auswirkungen auf das gesamte Leben – in der Familie, in der Kirche und in der Gesellschaft als Ganzes. Innerhalb dieser wunderbaren Ergänzung ist Raum für eine ungeheuer große Bandbreite an Vielgestaltigkeit. Aber gleichzeitig bedeutet dies nicht Freiheit ohne Ordnung. Die Bibel gewährt Männern und Frauen eine enorme Freiheit, aber diese Freiheit herrscht nur innerhalb der Schranken der biblischen Wahrheit und innerhalb der Schranken dessen, was es bedeutet, ein sich ergänzender Ausdruck des Bildes Gottes zu sein.

Um der Ausgewogenheit willen müssen wir auch mit Nachdruck darauf hinweisen, daß, weil wir eine gefallene Menschheit sind, die Männer ihre Stellung oft verfälscht haben, indem sie eine Tyrannei entwickelten. Es ist Teil der Verantwortung eines Ehemannes, dafür zu sorgen, daß seine Frau so weit wie möglich Erfüllung findet. Auch dies ist Teil der biblischen Ordnung.

Als Gegensatz zu dieser wunderbaren Ausgewogenheit möchte der Zeitgeist unserer Tage uns dazu verführen, auf dem Gebiet der Beziehungen zwischen Mann und Frau eine autonome, absolute Freiheit anzustreben – alle Ordnungen und Begrenzungen in diesen Beziehungen zu verwerfen, besonders aber jene Ordnungen, wie sie in der Heiligen Schrift gelehrt werden. So strebt unser Zeitalter nicht nach biblischer Gleichheit und Ergänzung, die im Bilde Gottes ihren Ausdruck findet. Vielmehr verlangt man nach einer monolithischen Gleichheit, die am besten als *Gleichheit ohne Unterschied* beschrieben werden könnte – d. h., allen Unterschieden zwischen Männern und Frauen und den Auswirkungen auf alle Lebensbereiche wird jegliche Geltung abgesprochen. Letztendlich hat eine Gleichheit ohne Unterschiede sowohl für Männer als auch für Frauen zerstörerische Konsequenzen, denn sie berücksichtigt weder die wahre Identität und die Unterschiede beider Geschlechter, noch ihre Gemeinsamkeiten, die alle in der Bedeutung des Mann- und Frauseins zusammengefaßt sind.

Tragische Konsequenzen

Ich habe diesen Punkt ausführlich behandelt, weil er von absolut entscheidender Wichtigkeit ist. Verleugnet man die biblische Wahrheit über die Bedeutung des Mann- und Frauseins, dann heißt das, etwas Wesentliches über die Natur des Menschen und über die Persönlichkeit Gottes und seine Beziehung zum Menschen zu verleugnen. Aber dies hat ebenso tragische

Konsequenzen für die Gesellschaft wie für das menschliche Leben. Wenn wir die Vorstellung von der Gleichheit ohne Unterschiede akzeptieren, dann müssen wir logischerweise die Gedanken der Abtreibung und der Homosexualität akzeptieren. Denn wenn es keine bedeutenden Unterschiede zwischen Männern und Frauen gibt, dann haben wir sicherlich keinen Grund, homosexuelle Beziehungen zu verurteilen. Und wenn es keine bedeutenden Unterschiede gibt, dann kann diese Fiktion nur dadurch aufrechterhalten werden, daß man die „Abtreibung auf Verlangen" benutzt, um mit der eindeutigen Offensichtlichkeit fertig zu werden, daß diese Unterschiede wahrhaftig existieren.

Wieder einmal sehen wir, daß eine Vorstellung, die zunächst biblischen Gedanken sehr nahe zu kommen scheint, schließlich an einer vollkommen anderen Stelle endet. Die Vorstellung eines absoluten, autonomen Freiseins von Gottes Begrenzungen geht über in die Vorstellung von der Gleichheit ohne Unterschied, die wiederum zu der Verneinung dessen führt, was es in Wahrheit bedeutet, Mann und Frau zu sein; dies geht seinerseits auf Abtreibung und Homosexualität über, ebenso wie auf die Zerstörung von Haus und Familie, und führt schließlich zur Zerstörung unserer Kultur. Noch einmal müssen wir traurigerweise betonen, daß die evangelikale Welt hier versagt hat. Es gibt jene, die sich evangelikal nennen und die zur evangelikalen Leiterschaft gehören, jedoch das biblische Muster für die Beziehung zwischen Mann und Frau in Familie und Kirche vollkommen verleugnen. Es gibt viele, die den Gedanken von der Gleichheit ohne Unterschied akzeptieren und die biblische Lehre zu diesem Thema vorsätzlich ablehnen.[52] Und es gibt andere, die sich evangelikal nennen und gleichzeitig behaupten, daß die Homosexualität und selbst die Vorstellung einer homosexuellen „Ehe" annehmbar seien.[53]

Die Bibel den eigenen Zwecken unterwerfen

Aber beachten Sie: das kann nicht geschehen, ohne daß man die Autorität der Bibel auf dem Gebiet der Sexualmoral verneint. Dies ist keinesfalls ein Disput über eine Interpretationsfrage; es handelt sich vielmehr um eine direkte und vorsätzliche Verleugnung dessen, was die Bibel auf diesem Gebiet lehrt. Einige evangelikale Führungspersönlichkeiten haben in der Tat als direkte Folge ihres Versuchs, mit dem Feminismus zu einer Einigung zu kommen, ihre Ansichten über die Unfehlbarkeit der Bibel geändert. Dies ist nichts anderes als Anpassung. Es stellt eine direkte und vorsätzliche Unterwerfung der Bibel zum Zweck der Angleichung an den Zeitgeist unsrer Tage dar, und zwar an genau dem Punkt, an dem das moderne Denken auf die Lehre der Bibel prallt. Das wird auch durch das folgende Beispiel aus dem Bereich der Homosexualität deutlich, dessen Autorin sich evangelikal nennt.

> Es ist wahr, daß einige Christen der festen Meinung sind, daß Homosexuelle ihre Gefühle ändern *können* – daß sie das auch wirklich tun sollen. Aber andere Christen haben angefangen, diese Vorstellung anzuzweifeln – und zwar nicht einfach aus einer Laune heraus, sondern nach sorgfältigem biblischem, theologischem, historischem und wissenschaftlichem Forschen.[54]

Hier hat diese Autorin, wahrscheinlich unwissentlich, eine genaue Beschreibung davon gegeben, wie Anpassung funktioniert. Zuerst fängt man an, Fragen zu stellen, die auf dem basieren, was die Welt um uns herum sagt; dann schaut man in die Bibel, danach auf Theologie und Wissenschaft – bis die Lehre der Bibel schließlich vollkommen dem unterworfen wird, was die Welt gerade denkt. Die Schlußfolgerung der oben zitierten Autorin gibt dies auf eine bemerkenswert kreative Art und Weise wieder: Homosexualität ist mit „-händigkeit" zu vergleichen. Das heißt, einige Menschen sind Rechtshänder und andere sind Linkshänder; einige Menschen heterosexuell, und andere sind homosexuell. Und das eine ist genausogut wie das andere. Man kann sich kaum vorstellen, wie weit diese Dinge gekommen sind. Auf dem Gebiet der Ehe und der Sexualmoral ist die evangelikale Welt tief infiltriert vom heutigen Zeitgeist. Zwar würden nur wenige so weit gehen wie die oben erwähnten Extremfälle. Aber es gibt viele, die diese Ansichten stillschweigend tolerieren und die die biblische Lehre zur Ehe und zur Ordnung in Familie und Kirche, wenn nicht im Prinzip, so doch in der Praxis, als einen wunderlichen Anachronismus ansehen, der in der modernen Welt kulturell irrelevant ist. Bei einigen geschieht diese Anpassung bewußt und beabsichtigt; bei der Mehrheit jedoch ist sie mit einer unreflektierten Zustimmung zum vorherrschenden Zeitgeist verknüpft. Aber in beiden Fällen sind die Ergebnisse im Wesentlichen die gleichen.

Gottes Wort Glauben schenken

Warum ist das gesamte Gebiet der Ehe und Sexualität so wichtig? Zunächst einmal deshalb, weil die Bibel sagt, daß es so ist, und weil sie mit scharfen Worten von denen spricht, die das verletzen, was Gott auf diesem Gebiet festgesetzt hat:

> Oder wißt ihr nicht, daß Ungerechte das Reich Gottes nicht erben werden? Irrt euch nicht! Weder Unzüchtige, noch Götzendiener, noch Ehebrecher, noch Wollüstlinge, noch Knabenschänder, noch Diebe, noch Habsüchtige, noch Trunkenbolde, noch Lästerer, noch Räuber werden das Reich Gottes erben (1. Korinther 6,9+10).

Und wiederum in bezug auf die Homosexualität:

> Deswegen hat Gott sie dahingegeben in schändliche Leidenschaften. Denn ihre Frauen haben den natürlichen Verkehr in den unnatürlichen verwandelt, und ebenso haben auch die Männer den natürlichen Verkehr mit der Frau verlassen, sind in ihrer Wollust zueinander entbrannt, indem sie, Männer, mit Männern Schande trieben, und empfingen den gebührenden Lohn ihrer Verirrung an sich selbst (Römer 1,26+27).[55]

Gott verdammt die sexuelle Sünde mit den schärfsten Worten. Das soll nicht heißen, daß sexuelle Sünde schlimmer ist als andere Sünde. Wenn wir mit der Bibel im Einklang sein wollen, dann müssen wir uns eindeutig gegen jede Form der Sünde aussprechen. Aber gleichzeitig dürfen wir nicht vergessen, daß Gott jede sexuelle Sünde sehr scharf verurteilt und uns niemals erlaubt, die Verurteilung dieser Sünde abzumildern.

Warum ist dieser Punkt so wichtig? Zuerst einmal natürlich deshalb, weil Gott es sagt. Gott ist Schöpfer und Richter des Universums; seine Persönlichkeit ist das Gesetz des Universums, und wenn er uns sagt, daß irgend etwas falsch ist, dann *ist* es falsch.

Zweitens dürfen wir niemals vergessen, daß Gott uns in unsere Beziehungen hineingestellt hat, damit wir wirkliche Erfüllung in dem finden, wie er uns geschaffen hat; deshalb ist eine rechte sexuelle Beziehung gut für uns, so wie wir geschaffen sind. Wenn wir Gottes Ordnung für Ehe und Sexualmoral nicht befolgen, dann hat das sowohl für uns als auch für die Gesellschaft zerstörerische Folgen.

Drittens zerstört die Ablehnung der von Gott festgelegten Ordnungen die Bedeutung der Beziehung Gottes zu seinem Volk, die ja anhand der biblischen Lehre von Ehe und Sexualmoral verdeutlicht wird. Es geht hier nicht nur darum, was auf menschlicher Ebene richtig oder falsch ist; eine Ablehnung ist gleichzeitig eine Verleugnung der Wahrheit Gottes und seiner Beziehung zu seinem Volk. Wenn wir Gottes Ordnungen nicht befolgen, dann zerstören wir das wahre Abbild dessen, was ein Christ persönlich und als Teil der Kirche darstellt.

Zum Schluß müssen wir festhalten, daß sich dies aber auch besonders auf die Ordnung innerhalb der Familie bezieht. Wie wir bereits gesehen haben, zeichnet die Bibel ein wunderschönes Bild von der Beziehung zwischen Mann und Frau in der Ehe und verknüpft dies mit der Beziehung zwischen Christus und der Kirche:

> Ordnet euch einander unter in der Furcht Christi, die Frauen den eigenen Männern als dem Herrn! Denn der Mann ist das Haupt der Frau, wie auch der Christus das Haupt der Gemeinde ist, er als des Leibes Heiland. Wie nun die Gemeinde sich dem Christus unterordnet, so auch die Frauen ihren Männern in allem.
> Ihr Männer, liebt eure Frauen, wie auch der Christus die Gemeinde geliebt und sich selbst für sie hingegeben hat, um sie zu heiligen, sie reinigend durch das Wasserbad im Wort, damit er die Gemeinde sich selbst verherrlicht darstellte, die nicht Flecken oder Runzel oder etwas dergleichen habe, sondern daß sie heilig und tadellos sei. So sind auch die Männer schuldig, ihre Frauen zu lieben wir ihre eigenen Leiber. Wer seine Frau liebt, liebt sich selbst. Denn niemand hat jemals sein eigenes Fleisch gehaßt, sondern er nährt und pflegt es, wie auch der Christus die Gemeinde. Denn wir sind Glieder seines Leibes. „Deswegen wird ein Mensch Vater und Mutter verlassen und seiner Frau anhängen, und die zwei werden ein Fleisch sein." Dieses Geheimnis ist groß, aber ich deute es auf Christus und die Gemeinde. Jedenfalls auch ihr – jeder von euch liebe seine Frau so wie sich selbst; die Frau aber, daß sie Ehrfurcht vor dem Mann habe (Epheser 5,21–33).

Dies stellt keine Unterdrückung dar, wie uns heute viele, selbst in der evangelikalen Welt, glauben machen wollen. Vielmehr ist es ein wundervolles Bild dessen, was eine Ehe sein sollte, aber ebenso auch eine Illustration der Liebe Christi zu seiner Kirche. Lehnt man dies ab, zerstört man nicht nur die eheliche Beziehung, sondern auch das Wissen um die Wahrheit von Christi unwandelbarer Liebe zu seiner Kirche; gleichzeitig wird ebenfalls die Autorität der Bibel auf dem Gebiet der Sexualmoral untergraben.

Die große Anpassung

Anpassung, Anpassung. Wie das Trachten nach Anpassung wächst und sich ausbreitet! Die vergangenen sechzig Jahre haben eine moralische Katastrophe hervorgebracht – und was haben wir dazu gesagt? Traurigerweise müssen wir sagen, daß die evangelikale Welt Teil dieser Katastrophe gewesen ist. Mehr noch: die evangelikale Antwort selbst ist eine Katastrophe gewesen. Wo ist denn die klare Stimme zu hören, die sich zu den entscheidenden Fragen unserer Zeit äußert und unmißverständlich biblische, christliche Antworten gibt? Unter Tränen müssen wir gestehen, daß diese Stimme im großen und ganzen nicht zu hören ist und daß sich ein Großteil der evangelikalen Welt vom heutigen Zeitgeist hat verführen lassen. Aber mehr noch: wir müssen erwarten, daß die Zukunft zu einer noch viel größeren Katastrophe werden wird, wenn die evangelikale Welt nicht für die biblische Wahrheit und Ethik im gesamten Spektrum des Lebens eintritt. *Denn die evangelikale Anpassung an unseren heutigen Zeitgeist repräsentiert die Beseitigung der letzten Barriere gegen den Zusammenbruch unserer Kultur.* Und mit der Beseitigung dieser Barriere geht ein soziales Chaos und das Aufkommen eines autoritären Regierungssystems zur Wiederherstellung der sozialen Ordnung einher.

Weltlichkeit

Ob wir dies als Gericht Gottes (was es mit Sicherheit ist) oder als die unvermeidbare Folge des sozialen Chaos ansehen, macht letztlich wenig Unterschied. Wenn sich die Anpassungsmentalität innerhalb der evangelikalen Welt nicht ändert, dann müssen wir zweifelsohne mit den oben genannten Folgen rechnen. Also ist es an der Zeit, der Fiktion eines vereinigten Evangelikalismus mit Aufrichtigkeit gegenüberzutreten; einige Christen werden den Mut aufbringen müssen, eine Trennlinie zu ziehen – und zwar liebevoll, aber in aller Öffentlichkeit. Die Konfrontation muß liebevoll, aber dennoch Konfrontation sein. Dies bedeutet auch, sich der heutigen Gestalt des Zeitgeistes nicht anzupassen, der ohne Schranken vorwärts strebt und beansprucht, autonom zu sein. Im Gegensatz dazu bietet die Bibel wahre Freiheit durch eine Ordnung und eine Lebensweise, die die tiefsten menschlichen Bedürfnisse erfüllt. Die Bibel spricht nicht nur von moralischen Grenzen, sondern von Absolutem und Wahrheit bezüglich des gesamten Lebens.

Der nächste Satz ist entscheidend. *Die Annahme des Zeitgeistes dieses Zeitalters ist die gröbste Form der Weltlichkeit im eigentlichen Sinn des Wortes.* Und wir müssen leider sagen, daß diese Anpassung an die Form des Zeitgeistes, die sich heute darstellt, im großen und ganzen auch in der Gruppe der Evangelikalen vollzogen wurde. Dies muß ich unter Tränen sagen, und wir dürfen auch nicht aufgeben, zu hoffen und zu beten. Wir müssen feststellen, daß viele, die eine grundlegend andere Meinung zu dieser Streitfrage haben, unsere Brüder und Schwestern in Jesus sind. Aber im grundlegendsten Sinn des Wortes sind die führenden Kreise deutlich weltlich geworden.[56]

Konfrontation

Alles, was ich in meinem Buch *Das Kennzeichen des Christen* und in den vorangegangenen Kapiteln dieses Buches gesagt habe, muß festgehalten werden.[57] Inmitten aller Unterschiede müssen wir tatsächlich eine praktische Demonstration der Liebe geben. Aber beides, die Wahrheit Gottes und das Werk der Kirche Jesu, zeigt uns zur gleichen Zeit eindringlich: die *Wahrheit fordert liebevolle Konfrontation, aber Konfrontation*. Es gilt zu bedenken, daß wir nicht über kleinere Unterschiede reden. Die Unterschiede treten in der evangelikalen Welt deutlich zu Tage, und jeder Versuch, sie zu überdecken, zeigt weder gegenüber der Wahrheit noch gegenüber der Liebe eine Aufrichtigkeit.

Es gibt drei mögliche Positionen: 1. lieblose Konfrontation, 2. keine Konfrontation und 3. liebevolle Konfrontation – nur die dritte ist biblisch. Es muß eine Festlegung der Prioritäten geben. Auch wenn alle Dinge wichtig sein mögen, benötigen doch nicht alle in der gegebenen Zeit und den gegebenen Möglichkeiten die gleiche Intensität der Konfrontation. Es ist folgende Trennung zu ziehen: keine Anpassung an den Zeitgeist der autonomen Freiheit und Gehorsam zum Wort Gottes. Dies bedeutet ein Leben im Gehorsam zur gesamten Einheit der Bibel in den entscheidenden moralischen und sozialen Fragen unserer Tage ebenso wie in der Lehre. Der Gehorsam zum Worte Gottes ist die Wasserscheide. So kann das Versäumnis der Evangelikalen, einen klar und deutlich biblischen Standpunkt zu den entscheidenden Fragen unserer Tage zu beziehen, angesehen werden als Versagen, sich unter die volle Autorität des Wortes Gottes in der gesamten Breite des menschlichen Lebens zu stellen.

Natürlich, es muß eine Ausgeglichenheit gegeben sein, und Helligkeit und Liebe gehören beide dazu. Dies kann aber nicht heißen, daß man sich langsam und zunehmend anpaßt und Kompromisse eingeht – ganz langsam, Schritt für Schritt, bis die Positionen unserer Zeit angenommen sind. Es kann nicht heißen, sich vorzutäuschen, daß es so etwas wie einen vereinigten Evangelikalismus gibt. Spätestens an der Wasserscheide ist er geteilt; und die beiden Hälften führen zu Zielen, die Kilometer voneinander entfernt liegen. Wenn Wahrheit wirklich Wahrheit ist, steht dies als Antithese zur Unwahrheit. Dies muß sowohl im Reden als auch im Tun Auswirkung haben. Wir müssen eine Linie ziehen.

Die Waffe der Nebenbedeutungen

Nun kommen wir wieder dorthin, wo dieser Teil des Buches begann, mit Namen und Streitfragen. Aufgrund der Nebenbedeutung des Wortes war es mir unangenehm, ein „Fundamentalist" genannt zu werden. Aber nun sieht es so aus, daß man automatisch als „Fundamentalist" eingeordnet wird, sobald man in Konfrontation gegen Unbiblisches steht (im Gegensatz zur Anpassung). So wurde der Begriff von Kenneth Woodward in *Newsweek* gebraucht – als ein Stempel. Aber wenn dies in gleicher Weise von bibelgläubigen Christen, Brüdern und Schwestern getan wird, ist dies viel betrüblicher.[58]

Lassen Sie uns ebenso über den Begriff „die neue Rechte" nachdenken. Es gibt eine extreme Rechte, gegen die man sich stellt. Aber auch dieser Begriff „die neue Rechte" hat einen negativen Beigeschmack bekommen und wird als Stempel gebraucht. Wenn man ihn überprüft, stellt man fest, daß auch dieser Begriff gewöhnlich nicht definiert ist und auf alle angewendet wird, die bereit sind, dem Schlittern dieser Tage zu widerstehen, aber nicht, sich anzupassen. Aber man muß bedenken, daß dann, wenn es berechtigt ist, von „der neuen Rechten" und dem religiösen „rechten Flügel" zu sprechen, es genauso berechtigt sein muß, vom religiösen „linken Flügel" zu sprechen – dabei bezieht man sich auf die Evangelikalen, die sich den eindeutigen Zeichen des Zeitgeistes angepaßt haben. Ich habe dies nicht getan, weil ich die kategorisierenden Angriffe liebe, die einige geführt haben, sondern ich habe versucht, mit Fakten und Inhalten umzugehen. Wenn ich nun, um das, was ich beschrieben habe, zu diskreditieren, den Begriff „linker Flügel" gebraucht hätte, so wäre es nicht fair gewesen.

Ich möchte es nochmals betonen, wir brauchen eine Balance. Obwohl unser Land nie vollständig christlich war, ist es doch zu unterscheiden von dem, was aus der Weltanschauung der Französischen oder Russischen Revolution erwachsen ist. Und bis zum Lebensende vieler, die dieses Buch lesen, wird eine umfassende Veränderung zum Heute eintreten – wir hatten einen klaren Einfluß des christlichen Konsens oder Ethos. Natürlich, und dies habe ich häufiger betont, es ist nicht *per se* besser, einfach konservativ anstatt nicht konservativ zu sein. Ein konservativer Humanismus ist nicht besser als ein liberaler Humanismus; Diktaturen von rechts sind nicht besser als solche von links. Was falsch ist, ist falsch, unabhängig davon, welches Etikett darauf klebt.

Der Begriff „die neue Rechte", wie er häufig heutzutage benutzt wird – zu oft von Christen –, scheint doch auszudrükken, daß in allen Fragen, die wir in diesem Kapitel besprochen haben, eine Bereitschaft besteht, einen Standpunkt einzunehmen (bei gleichzeitiger Balance und liebevoller Konfrontation), anstatt mit der Mentalität einer automatischen Anpassung zu leben. Und wenn dies so ist, dann dürfen wir uns nicht scheuen, eine klare Position zu beziehen, nur weil einige die Konnotationen mancher Begriffe gegen uns benutzen könnten, besonders wenn diese Begriffe, wenn man sie genauer untersucht, etwas gänzlich anderes bedeuten können. Und dann wollen wir hoffen, daß unsere Brüder und Schwestern in Jesus, die es besser wissen sollten, die unklaren Begriffe nicht gebrauchen, ohne ausreichend zu definieren und zu analysieren. *Es ist nun einmal so, daß wir von anderen mit irgend-*

welchen Etiketten versehen werden, egal, ob wir uns selbst so bezeichnen würden oder nicht. Wir sollten alle falsche Rücksicht auf Etikette zurückweisen und keine Angst vor der eigentlichen Konfrontation haben, welches neue Etikett wir dann auch immer bekommen mögen.

SOS

Am Ende dieses Kapitels möchte ich jedem, der dieses Buch liest, eine abschließende Frage stellen: Wenn die Christen in diesem Lande, und vor allem die evangelikalen Leiter, in den letzten acht Jahren in Polen gelebt hätten, wären sie auf der Seite der Konfrontation oder der Anpassung gewesen? Wären sie auch, wenn dies mit großer persönlicher Gefahr verbunden wäre, auf den Demonstrationen gewesen? Oder wären sie in der angenehmen Anpassung geblieben? Die polnische Regierung benutzt als Waffe gern Begriffe mit nachteiligen Bedeutungen: „Rowdy", „Extremist"! Sie beherrschen den Gebrauch von Namen, um Menschen abzustempeln.

Ich bin mir nicht sicher, wo viele Christen zu finden gewesen wären angesichts dieses Ausmaßes von Anpassung in unserem Land – und hier gibt es keine Kugeln, keine Wasserwerfer, kein Tränengas und höchst selten Gefängnisstrafen.

Es sieht so aus, daß jeder evangelikale Leiter und jeder evangelikale Christ die besondere Verantwortung hat, nicht dem „Blue-Jeans-Syndrom" zu folgen, ohne zu beachten, daß er in seinem Bemühen „dabei zu sein" sich oft nicht länger von denen unterscheidet, die die Existenz oder Heiligkeit des lebendigen Gottes leugnen.

Anpassung führt zu Anpassung – diese wiederum zu noch stärkerer Anpassung...

Schluß

Radikale für die Wahrheit

Als ich im September 1965 im Wheaton College über das Thema „Die Darlegung der historischen christlichen Position im 20. Jahrhundert" sprach, war die Zeit der Jugendrevolte, die Anfang 1960 in Berkeley begann. Einige der Studenten, auch der Studentensprecher in Wheaton, wurden als aufsässig bezeichnet, und die Leitung des Colleges hatte Probleme mit ihnen. Jedoch gerade diese verstanden meine Botschaft: wenn Christentum wahr ist, dann berührt es mein ganzes Leben, und das ist eine radikale Aussage in der modernen Welt. Die aufsässigen Studenten hörten zu, und einige von ihnen änderten ihr Denken.

Wir brauchen mitten in diesem modernen relativen Denken eine radikale Aussage. Mit „revolutionär" und „radikal" meine ich den Widerstand gegen den alles durchdringenden Zeitgeist unserer Tage. Das ist die eigentliche Bedeutung von „radikal".

Gott hat uns seine Antworten in der Bibel gegeben - der Bibel, die wahr ist, ob sie von der Geschichte und vom Kosmos oder über religiöse Belange spricht. Deshalb gibt es Wahrheit in bezug auf alle Wirklichkeit. Dies erfordert radikalen Widerstand gegen Relativismus und Vermischung, die Zeichen unserer Zeit – unabhängig davon, ob sich diese Vermischung hinter säkularer oder religiöser Terminologie verbirgt, evangelikale Terminologie eingeschlossen.

Wenn wir nun zu den heutigen Problemen kommen, dann benötigen wir im Gegensatz zu der Anpassung um uns herum eine Generation von Radikalen für die Wahrheit und für Jesus. Wir brauchen eine junge Generation und andere, die bereit sind, in Liebe auf Konfrontationskurs zu gehen, sich der uns umgebenden Mentalität der immerwährenden Anpassung an den Zeitgeist und der Mentalität der Anpassung unter den Evangelikalen zu widersetzen.

Durch Evangelikale ist viel geschehen, wofür wir aufrichtig dankbar sein können, aber die Mentalität der Anpassung ist wirklich eine Katastrophe. Wenn wir die gleichen biblischen Prinzipien beachten, sollten wir uns jedoch vor Augen halten, daß eine Zeit kommen kann, wo wir uns gegen den entgegengesetzten Pendelschlag stellen müssen. In dieser gefallenen Welt schwingt alles wie ein Pendel von einem falschen Extrem ins andere. Der Teufel gönnt uns nie den Luxus, nur an einer Front zu kämpfen, und das wird sich nie ändern.

Wir müssen jedoch festhalten, daß sich in dem Zeitraum, den wir betrachtet haben und besonders in diesem wichtigen Moment der Geschichte, das evangelikale Problem der Anpassung beständig in eine Richtung bewegt hat – dies heißt Anpassung an das, was immer gerade durch den Zeitgeist unserer Tage in Mode gekommen ist. Genau dieser Zeitgeist zerstört beides: Kirche und Gesellschaft. Wir müssen ständig auf Balance bedacht sein, aber die Anpassung, über die wir gesprochen haben, führt beständig in den humanistischen, säkularen Konsens, der die entscheidend zerstörerische Kraft unserer Tage ist. Wenn sich da nichts ändert, ist unsere Gelegenheit vorbei. Nicht nur der kompromißbereite Teil der Evangelikalen geht dem Untergang entgegen, wir werden alle mitgezogen.

Wir können nicht annehmen, daß uns dies nichts angeht. Es kommt zum Zusammenbruch, wenn du und ich und jeder von uns, der den Herrn und seine Kirche liebt, nicht bereit ist zu handeln. Deshalb fordere ich dich heraus. Ich rufe nach radikalen Christen, besonders jungen radikalen Christen, die ihren Blick beständig auf Jesus richten, damit sie Kraft empfangen, um sich – in liebevoller Art und Weise – gegen alles, was verkehrt und zerstörerisch ist in der Kirche, in unserer Kultur und im Staat zu stellen.

Wenn wir nicht zur liebevollen, aber mutigen Konfrontation bereit sind, und wenn wir nicht den Mut haben, Trennlinien zu ziehen, selbst wenn wir wünschen, es nicht tun zu müssen, dann wird die Geschichte auf unsere Zeit zurückblicken als eine Zeit, in der gewisse „evangelikale Hochschulen", gewisse „evangelikale Seminare" und andere „evangelikale Organisationen" für die Sache Jesu für immer verlorengingen.

Anhang

Das Kennzeichen des Christen

Das Kennzeichen des Christen

Im Verlauf der Jahrhunderte haben die Menschen mit den verschiedensten Symbolen zu zeigen versucht, daß sie Christen sind. Sie steckten sich Abzeichen an ihre Rockaufschläge, hängten sich Kettchen um den Hals oder trugen gar besondere Frisuren.
   Selbstverständlich ist all das nicht falsch, wenn sich jemand dazu berufen fühlt. Doch es gibt ein viel eindrücklicheres Merkmal – ein Kennzeichen, das nicht einfach der Umstände halber für gewisse Gelegenheiten oder gewisse Zeiten erdacht wurde. Es ist ein allumfassendes Kennzeichen, das die Kirche durch alle Zeiten charakterisieren soll, bis Jesus wiederkommt.
   Welches Kennzeichen?
   Am Ende seiner irdischen Wirksamkeit blickt Jesus seinem Tod am Kreuz, dem offenen Grab und der Himmelfahrt entgegen. Er weiß, daß er seine Jünger bald verlassen wird, und bereitet sie auf das Kommende vor. In dieser Situation sagt er zu den Jüngern:

   Kindlein, nur noch eine kleine Weile bin ich bei euch. Ihr werdet mich suchen, und wie ich zu den Juden sagte: Wohin ich gehe, dahin könnt ihr nicht kommen, so sage ich jetzt auch zu euch. Ein neues Gebot gebe ich euch, daß ihr einander liebet; daß, wie ich euch geliebt habe, auch ihr einander liebt. Daran wird jedermann erkennen, daß ihr meine Jünger seid, wenn ihr Liebe untereinander habt (Johannes 13,33–35).

Das ist das Merkmal, mit dem Jesus den Christen auszeichnet, nicht nur zu einer bestimmten Zeit oder an einem bestimmten Ort, sondern zu allen Zeiten und an allen Orten, bis Jesus wiederkommt.

Hier wird also kein schon bestehender Zustand beschrieben. Es ist ein Gebot, das eine Bedingung einschließt: „Ein neues Gebot gebe ich euch, daß ihr einander liebet; daß, wie ich euch geliebt habe, auch ihr einander liebet. Daran wird jedermann erkennen, daß ihr meine Jünger seid, *wenn* ihr Liebe untereinander habt." Das ist die Voraussetzung: Wenn ihr gehorcht, werdet ihr das Kennzeichen Christi tragen. Da es ein Gebot ist, kann es gebrochen werden.

Es ist also durchaus möglich, ein Christ zu sein, ohne dieses Merkmal zu tragen; wollen wir aber den Nichtchristen unser Christsein beweisen, dann muß das Kennzeichen sichtbar sein.

Menschen und Brüder

Hier wird uns geboten, unsere Mitchristen, unsere Brüder zu lieben. Natürlich dürfen wir die andere Seite der Lehre Jesu nicht vergessen: wir sollen unsere Mitmenschen, ja, *alle* Menschen als unsere Nächsten lieben.

Alle Menschen tragen das Bild Gottes in sich. So sind sie nicht nur als erlöste Menschen wertvoll, sondern als Geschöpfe nach Gottes Bild. Der moderne Mensch, der dies verworfen hat, weiß nicht, wer er ist, und kann deshalb weder in sich selbst, noch in anderen einen wirklichen Wert finden. Folglich entwertet er den Menschen und bringt den üblen Zustand hervor, mit dem wir uns heute auseinandersetzen müssen – eine dahinsiechende Kultur, in welcher die Menschen einander unmenschlich, als Maschinen behandeln. Als Christen kennen wir jedoch den Wert des Menschen.

Alle Menschen sind unsere Nächsten, die wir lieben sollen wie uns selbst. Dazu verpflichtet uns die Schöpfungstatsache, denn alle Menschen, auch die unerlösten, sind wertvoll, weil sie nach dem Bilde Gottes erschaffen sind. Deshalb sollen wir sie lieben, koste es, was es wolle.

Darum geht es doch im Gleichnis Jesu vom barmherzigen Samariter: Weil der Mensch ein Mensch ist, ist er um jeden Preis der Liebe wert.

Wenn uns Jesus also besonders gebietet, unsere christlichen Brüder zu lieben, verneint er damit das andere Gebot nicht. Die beiden Gebote schließen einander nicht aus. Wir sind nicht vor die Wahl gestellt, entweder alle Menschen wie uns selbst zu lieben, oder die Christen ganz besonders zu lieben. Die beiden Gebote verstärken sich gegenseitig.

Wenn Jesus uns schon so eindringlich gebietet, alle Menschen als unsere Nächsten zu lieben, wie wichtig ist es dann erst, unsere Mitchristen besonders zu lieben. Wenn wir alle Menschen als Nächste – wie uns selbst – lieben sollen, wie ungeheuer wichtig ist es dann, daß alle Menschen in uns eine sichtbare Liebe für jene wahrnehmen können, mit denen wir in besonderer Weise verbunden sind – die als Mitchristen durch Jesus Christus einen gemeinsamen Vater haben und in denen ein Geist wohnt. Paulus stellt unsere doppelte Verpflichtung in Galater 6,10 klar heraus: „So laßt uns nun, wo wir Gelegenheit haben, an jedermann Gutes tun, allermeist an den Glaubensgenossen." Er verneint das Gebot nicht, allen Menschen Gutes zu tun, aber bezeichnenderweise fügt er hinzu: „. . . allermeist an den Glaubensgenossen." Dieses zweifache Ziel sollte unsere Haltung als Christen kennzeichnen; wir sollten es stets vor Augen haben und darüber nachdenken, was es für jeden Augenblick unseres Lebens bedeutet. Unser äußerlich sichtbares Handeln sollte von dieser Einstellung bestimmt werden.

Nur zu oft haben aufrichtige, bibelgläubige Christen die Menschen in zwei Lager geteilt – hier die Verlorenen, dort die Erlösten; hier die Rebellen gegen Gott, dort die durch Christus mit Gott Versöhnten – und haben so ein übles Bild der Exklusivität geboten.

Ja, es gibt zwei Gruppen von Menschen. Ein Teil der nach Gottes Bild geschaffenen Menschen steht immer noch in Auflehnung gegen ihn, ein anderer Teil hat durch Gottes Gnade die von ihm gebotene Lösung angenommen.

Und doch gibt es in anderer, sehr wichtiger Hinsicht nur eine Menschheit. Alle Menschen haben einen gemeinsamen Ursprung. Von der Schöpfung her tragen alle Menschen das Bild Gottes. In diesem Sinn sind alle Menschen ein Fleisch und ein Blut.

So sind die Unterschiede der beiden Menschennaturen durch die Einheit aller Menschen überbrückt, und die Christen dürfen nicht ihre gläubigen Brüder unter Ausschluß der ungläubigen Mitmenschen lieben. Das wäre abstoßend. Wir müssen uns stets das Beispiel des barmherzigen Samariters bewußt vor Augen halten.

Ein empfindliches Gleichgewicht

Das erste Gebot ist, den Herrn unsern Gott mit ganzem Herzen, mit ganzer Seele und mit ganzem Gemüt zu lieben. Das zweite ist das umfassende Gebot, alle Menschen zu lieben. Das zweite Gebot fordert also nicht nur Liebe zu Christen. Es ist viel ausgedehnter: wir sollen unseren Nächsten lieben wie uns selbst.

1 Thessalonicher 3,12 trägt dieselbe zweifache Betonung: „Euch aber möge der Herr voll und überströmend machen in der Liebe zueinander und zu allen, gleich wie auch wir sie haben zu euch." Die Reihenfolge ist hier umgekehrt: zunächst sollen wir Liebe zueinander haben und danach zu allen Menschen, das ändert aber nichts an unserer doppelten Aufgabe. Hier wird nur auf das empfindliche Gleichgewicht hingewiesen, ein Gleichgewicht, das in der Praxis nicht automatisch erhalten bleibt.

In 1 Johannes 3,11 (später geschrieben als sein Evangelium) sagt Johannes: „Denn das ist die Botschaft, die ihr von Anfang an gehört habt, daß wir einander lieben sollen." Jahre nach Christi Tod ruft uns Johannes in seinem Brief das ursprüngliche Gebot Christi in Johannes 13 ins Gedächtnis. Er beschwört die Gemeinde sozusagen: „Vergeßt das nicht... Vergeßt das nicht! Dieses Gebot wurde uns von Christus gegeben, als er auf der Erde lebte. Dies soll euer Kennzeichen sein."

Nur für wahre Christen

Wenn wir uns das Gebot in Johannes 13 noch einmal ansehen, fallen uns einige wichtige Punkte auf. Zunächst einmal sollen wir alle wahren Christen, alle wiedergeborenen Christen besonders lieben. Vom biblischen Standpunkt aus sind nicht alle, die sich Christen nennen, wirklich Christen, und das trifft ganz besonders auf unsere Generation zu. Das Wort *Christ* ist praktisch völlig seiner Bedeutung beraubt worden. Es gibt wohl kaum ein Wort, das (abgesehen vom Wort *Gott* selbst) so sehr abgewertet worden ist. Im Mittelpunkt der Semantik (Wortbedeutungslehre) steht der Gedanke, daß ein Wort als Symbol keine Bedeutung hat, solange ihm nicht ein Inhalt gegeben wird. Das ist durchaus richtig. Weil das Wort *Christ* als Symbol zu einer so geringen Bedeutung herabgewürdigt wurde, bedeutet es heute alles und nichts.

Jesus spricht jedoch von der Liebe zu allen wahren Christen. Und das ist ein zweischneidiges Gebot, denn es fordert, daß wir einerseits die wahren Christen von den Scheinchristen unterscheiden und uns andererseits vergewissern, keinen wahren Christen lieblos zu übergehen. Mit anderen Worten: bloße Humanisten und liberale Theologen, die nur noch den Namen „Christen" tragen, oder solche Kirchgänger, für die das Christentum eine reine Formalität ist, können wir nicht als wahre Christen anerkennen.

Andererseits müssen wir uns vor dem entgegengesetzten Irrtum hüten. Wir müssen jeden einschließen, der im historisch-biblischen Glauben steht, ob er nun Glied unseres eigenen Kreises oder unserer eigenen Gruppe ist oder nicht.

Aber selbst wenn ein Mensch nicht zu den wahren Christen gehört, ist es dennoch unsere Pflicht, ihn als unseren Nächsten zu lieben. Wir können also nicht sagen: „Soweit ich sehe, gehört der und der nicht zu den wahren Christen; um den brauche ich mich deshalb nicht weiter zu kümmern, ich kann ihn einfach übergehen." Ganz und gar nicht. Auf ihn bezieht sich das zweite Gebot.

Die Qualitätsnorm

Als zweites sehen wir in diesen Worten von Johannes 13 die Qualität der Liebe, die unsere Norm sein soll. Wir sollen alle Christen so lieben „wie ich euch geliebt habe", sagt Jesus. Nun denken Sie nur an die Art und das Ausmaß der Liebe, die Jesus uns entgegengebracht hat! Gewiß, er ist unendlich, und wir sind begrenzt; er ist Gott, wir sind Menschen. Weil er unendlich ist, kann unsere Liebe der seinen nie gleich sein, unsere

Liebe kann nie unendliche Liebe sein. Dennoch muß seine damals wie heute bezeugte Liebe unser Maßstab sein. Eine geringere Qualitätsnorm darf es nicht geben. Wir sollen alle gläubigen Christen so lieben, wie Christus uns geliebt hat.

Nun kann diese Aufforderung zwei verschiedene spontane Reaktionen hervorrufen. Wir können sagen: „Ganz richtig! Ganz richtig!", und uns dann kleine Flaggen anfertigen mit der Aufschrift „Wir lieben alle Christen!" Im üblichen Trott gehen wir weiter – mit den eingerollten Flaggen – „Wir lieben alle Christen!" –, um im geeigneten Augenblick die Schnüre zu lösen, die Flaggen zu entrollen und sie im Weitergehen über unseren Köpfen zu schwingen – „Wir lieben alle Christen!" Wie abstoßend!

Unsere Reaktion kann entweder dieses unüberbietbare häßliche Schauspiel sein, oder aber etwas unvorstellbar Tiefes und Großes. Soll es das letztere sein, wird es in der bibelgläubigen Christenheit viel Zeit, viel sachbewußtes Reden und Schreiben, viel ernsthaftes Nachdenken und Beten erfordern.

Die Kirche soll in einer sterbenden Kultur eine liebende Kirche sein. Wie wird uns dann diese sterbende Kultur einschätzen? Jesus sagt: „Daran wird jedermann erkennen, daß ihr meine Jünger seid, wenn ihr Liebe untereinander habt." Inmitten der Welt, inmitten unserer sterbenden Kultur verleiht Jesus der Welt ein Recht. Kraft seiner Vollmacht erteilt er der Welt das Recht, aufgrund unserer sichtbaren Liebe zu allen Christen zu beurteilen, ob wir, Sie und ich, wiedergeborene Christen sind.

Das ist erschreckend. Jesus wendet sich an die Welt und sagt: „Hört alle her! Kraft meiner Vollmacht verleihe ich euch ein Recht zu beurteilen, ob ein Mensch Christ ist oder nicht, aufgrund der Liebe, die er allen Christen erweist." Mit anderen Worten: Wir müssen anerkennen, daß Leute, die gegen uns auftreten und uns ins Gesicht sagen, wir wären keine Christen, weil wir anderen Christen keine Liebe erwiesen haben, einfach ein Vorrecht ausüben, das Jesus ihnen verliehen hat.

Darüber dürfen wir nicht böse sein. Wenn Menschen uns sagen: „Ihr liebt andere Christen nicht", müssen wir nach Hause gehen, die Knie beugen und Gott fragen, ob das stimmt oder nicht. Wenn ja, dann hatten sie auch das Recht, uns das vorzuhalten.

Mangel an Liebe

An dieser Stelle müssen wir jedoch sehr vorsichtig sein. Auch als wahre, wirklich wiedergeborene Christen können wir in der Liebe zu unseren Mitchristen versagen. Ja, wenn wir realistisch sind, müssen wir noch mehr erkennen. Es kommt immer wieder vor (und das müssen wir unter Tränen bekennen), es kommt immer wieder vor, daß wir Christen einander nicht lieben. Das ist in einer gefallenen Welt, wo bis zur Wiederkunft Jesu nichts und niemand vollkommen ist, einfach eine Tatsache. Und wir müssen selbstverständlich um Gottes Vergebung bitten, sooft wir fehlen. Aber Jesus will hier nicht sagen, unser Versäumnis, alle Christen zu lieben, beweise, daß wir keine Christen sind.

Das muß sich jeder einzelne von uns einmal klarmachen: Mein Mangel an Liebe zu den Christen beweist nicht, daß ich kein Christ bin. Jesus unterstreicht jedoch, daß die Welt angesichts meiner mangelnden Liebe zu allen anderen Christen das Recht hat, mein Christsein abzustreiten.

Das ist ein wesentlicher Unterschied. Wenn wir der Liebe zu allen Mitchristen ermangeln, brauchen wir daraus nicht verzweifelt zu schließen, wir seien verloren. Niemand, außer Christus selbst, hat je gelebt, ohne Fehler zu machen. Wenn das Christsein von der Erfüllung unserer Liebespflicht unseren Brüdern in Christus gegenüber abhinge, gäbe es keine Christen, denn alle Menschen haben versagt. Jesus gibt aber der Welt sozusagen einen Streifen Lackmuspapier, ein vernünftiges Thermometer: Wenn die Welt unser Kennzeichen nicht sehen kann, darf sie daraus schließen: „Dieser Mensch ist kein Christ." Natürlich kann die Welt irren; ist der Betreffende in Wirklichkeit doch ein Christ, hat sie ein Fehlurteil gefällt.

Es stimmt, daß sich ein Nichtchrist oft hinter dem, was er bei den Christen sieht, verbirgt und „Ihr Heuchler!" ausruft, nur weil er sich als Sünder nicht vor Christus verantworten will. Das meint Jesus hier nicht. Er spricht an dieser Stelle von unserer Verantwortung als einzelne und als Gruppen, der Welt durch unsere Liebe zu allen anderen wahren Christen jedes triftige Argument zu entziehen, mit dem sie unser Christsein bestreiten könnte.

Die entscheidende Überzeugungskraft

Aber unsere Verantwortung ist noch größer. Dazu müssen wir Johannes 17,21 betrachten, ein Wort mitten aus dem hohenpriesterlichen Gebet Christi. Jesus betet, „Auf daß sie alle eins seien, gleichwie du, Vater, in mir und ich in dir; daß auch sie in uns eins seien, damit die Welt glaube, daß du mich gesandt hast." In diesem, seinem hohenpriesterlichen Gebet, betet Jesus für die Einheit der Kirche, die Einheit, die besonders die Beziehungen der wahren Christen untereinander kennzeichnen sollte. Jesus betet nicht für eine humanistische, romantische Einheit der Menschen im allgemeinen. Vers 9 macht das deutlich: „Nicht für die Welt bitte ich, sondern für die, welche du mir gegeben hast, weil sie dein sind." Jesus unterscheidet hier sehr sorgfältig zwischen denen, die sich im Glauben an ihn gewandt haben, und denen, die weiterhin in der Auflehnung verharren. Wenn er also im 21. Vers um die Einheit bittet, so meint er mit dem „sie" die wahren Christen.

Beachten Sie jedoch, daß es in Vers 21 heißt: „Daß sie alle eins seien..." Hier wird interessanterweise dasselbe betont wie in Johannes 13 – nicht ein Teil der wahren Christen, sondern alle Christen – nicht nur die Christen innerhalb bestimmter Gemeindekreise sollen eins sein, sondern alle wiedergeborenen Christen.

Und nun kommt die ernüchternde Aussage. Jesus sagt in diesem einundzwanzigsten Vers etwas, bei dem ich immer wieder zusammenzucke. Wenn wir als Christen an dieser Stelle nicht aufgeschreckt werden, sind wir, wie mir scheint, entweder nicht empfindsam oder nicht aufrichtig, denn hier nennt uns Jesus die entscheidende Apologetik. Welches ist der überzeugendste Beweis für das Christentum? *„Auf daß sie alle eins seien,* gleichwie du, Vater, in mir und ich in dir; daß auch sie in uns eins seien, *damit die Welt glaube, daß du mich gesandt hast."* Darin liegt die höchste Überzeugungskraft.

In Johannes 13 ging es darum, daß der Christ, der es an Liebe zu anderen wahren Christen fehlen läßt, der Welt das Recht zu dem Urteil gibt, er sei kein Christ. Hier sagt Christus etwas, das noch viel einschneidender und grundlegender ist: die Welt wird nicht glauben, daß der Vater den Sohn gesandt hat, daß die Behauptungen Jesu wahr sind und daß das Christentum wahr ist, wenn sie in der Realität nichts von der Einheit der wahren Christen sieht.

Das ist erschreckend! Werden wir an dieser Stelle nicht von Angst gepackt?

Sehen wir uns die Stelle noch einmal an. Jesus will nicht sagen, daß die Christen einander auf dieser Grundlage das Christsein zu- oder absprechen sollten. Das müssen wir unbedingt beachten. Das Christsein eines Menschen soll die Kirche aufgrund seiner Lehre, der Aussagekraft seines Glaubens und der Glaubwürdigkeit seines Bekenntnisses beurteilen. Wenn ein Mensch zu einer örtlichen Gemeinde kommt, die ihre Aufgabe ernst nimmt, wird er nach dem Inhalt seines Glaubens gefragt. Wird zum Beispiel in einer Gemeinde jemand wegen einer Irrlehre zur Rede gestellt (das Neue Testament zeigt, daß solche Untersuchungen in der Kirche Christi notwendig sind), so entscheidet sich die Frage der Abweichung am Inhalt der Lehrmeinung des Befragten. Die Kirche hat ein Recht, ja sogar die Pflicht, einen Menschen nach dem Inhalt seines Glaubens und seiner Lehre zu beurteilen.

Wir können jedoch nicht erwarten, daß die Welt von dieser Grundlage her urteilt, denn die Welt fragt nicht nach der Lehre. Das gilt besonders für die zweite Hälfte des zwanzigsten Jahrhunderts, in der die Menschen aufgrund ihrer Erkenntnistheorie nicht einmal mehr an die Möglichkeit einer absoluten Wahrheit glauben. Und wenn wir schon von einer Welt umgeben sind, die dieses Wahrheitsverständnis aufgegeben hat, können wir doch nicht erwarten, daß sich jemand darum kümmert, ob die Lehre eines Menschen richtig ist oder nicht.

Jesus hat aber das Kennzeichen genannt, das die Aufmerksamkeit der Welt fesseln wird, selbst die Aufmerksamkeit des modernen Menschen, der sich nur noch als Maschine versteht. Weil jeder Mensch nach dem Bilde Gottes geschaffen ist und deshalb das Verlangen nach Liebe in sich trägt, so gibt es – in jedem geographischen Klima und zu jedem Zeitpunkt – etwas, das seine Aufmerksamkeit unfehlbar fesseln wird.

Was? Die Liebe, die wahre Christen einander erweisen, und zwar nicht nur innerhalb des eigenen Kreises.

Aufrichtige Antworten – sichtbare Liebe

Selbstverständlich dürfen wir als Christen die Pflicht nicht versäumen, auf aufrichtige Fragen ebenso aufrichtig zu antworten. Wir sollten eine intellektuelle Apologetik bieten können. Die Bibel fordert dazu auf, und Christus und Paulus dienen dafür als Beispiel. In der Synagoge, auf dem Marktplatz, in Häusern und in fast jeder nur denkbaren Situation sprachen Jesus und Paulus über die christliche Lehre. Gleicherweise ist es des Christen Aufgabe, eine aufrichtige Frage aufrichtig zu beantworten.

Aber ohne Liebe unter wahren Christen können wir, wie Christus sagt, nicht erwarten, daß die Welt uns zuhört, wie zutreffend unsere Antworten auch sein mögen. Wir müssen wirklich unser Leben lang dazulernen, um aufrichtige Antworten zu geben. Seit Jahren hat die bibelgläubige Kirche hier jämmerlich versagt. So sollten wir viel Zeit darauf verwenden, zu erlernen, die Fragen der Menschen um uns herum zu beantworten. Aber selbst wenn wir alles getan haben, um mit einer verlorenen Welt zu sprechen, dürfen wir nie vergessen, daß die höchste Überzeugungskraft, die Jesus verleiht, die sichtbare Liebe ist, die wahre Christen anderen wahren Christen entgegenbringen.

Obwohl dies nicht der zentrale Punkt ist, den ich hier behandle, so muß doch diese von der Welt her sichtbare Liebe und Einheit unter wahren Christen alle Schranken zwischen den Menschen durchbrechen. Das neue Testament sagt: „Weder Jude noch Grieche, weder Knecht noch Freier, weder Mann noch Frau."

Die Gemeinde von Antiochia setzte sich aus Juden und Nichtjuden zusammen, und ihre soziale Skala reichte von Herodes' Pflegebruder bis zu den Sklaven; und die von Natur aus stolzen griechischen Heidenchristen in Mazedonien bewiesen eine praktische Fürsorge für die materiellen Nöte der Judenchristen in Jerusalem. Die sichtbare und tätige Liebe unter wahren Christen, welche die Welt auch heute mit Recht zu sehen erwartet, sollte sich uneingeschränkt über alles Trennende hinwegsetzen, sei es Sprache, Volkszugehörigkeit, Landesgrenzen, Jugend und Alter, Hautfarbe, Bildungsstand und Einkommenshöhe, Abstammung, örtliche Gesellschaftsklassen, Kleidung, kurzes oder langes Haar, Schuhe tragen oder barfuß gehen, kulturelle Unterschiede oder mehr oder weniger traditionsgemäße Gottesdienstformen.

Wenn die Welt dies nicht beobachten kann, wird sie nicht glauben, daß Christus vom Vater gesandt wurde. Die Menschen werden nicht allein aufgrund zutreffender Antworten glauben. Das eine darf das andere nicht ausschließen. Die Welt muß auf aufrichtige Fragen zutreffende Antworten erhalten, zugleich aber muß unter allen wahren Christen einmütige Liebe herrschen. Das ist unerläßlich, wenn die Menschen wissen sollen, daß Jesus vom Vater gesandt wurde und das Christentum wahr ist.

Falsche Vorstellungen von Einheit

Wir wollen das Wesen dieser Einmütigkeit ganz klar umreißen und dazu vorweg einige falsche Vorstellungen ausräumen. Zum ersten ist die Einmütigkeit, von der Jesus spricht, keine lediglich organisatorische Einheit. In unserer Generation erleben wir einen starken Trend zur kirchlichen Vereinigung. Er liegt in der Luft – wie die Röteln in Zeiten einer Epidemie – und umschließt uns auf allen Seiten. Die Menschen können sich in allen möglichen Organisationen zusammenschließen, ohne damit der Welt wirkliche Einheit zu beweisen.

Das klassische Beispiel dafür bietet die Römisch-Katholische Kirche im Laufe der Jahrhunderte. Sie hat stets eine großartige, äußerliche Einheit besessen – wohl die größte organisatorische Einheit, die die Welt je gesehen hat; und doch wurden gleichzeitig innerhalb dieser einen Kirche gigantische und haßerfüllte Machtkämpfe zwischen den verschiedenen Orden ausgetragen. Heute besteht ein noch weitaus verschärfter Gegensatz zwischen dem konservativen Römischen Katholizismus und dem progressiven Römischen Katholizismus. Die Römisch-Katholische Kirche versucht immer noch ihre organisatorische Einheit zu wahren, aber das ist nur noch eine äußerliche Einheit, denn es sind zwei völlig verschiedene Religionen entstanden, zwei verschiedene Gottesbegriffe und zwei verschiedene Wahrheitsverständnisse.

Und genau dasselbe trifft auf die Ökumenische Bewegung im Protestantismus zu. Sie ist ein Versuch, Menschen aufgrund der Bitte Jesu organisatorisch zusammenzufassen, aber es fehlt die wahre Einheit, weil zwei völlig verschiedene Religionen – Christentum im biblischen Sinn und ein „Christentum", das überhaupt kein Christentum ist – einander gegenüberstehen. Es ist durchaus möglich, eine organisatorische Vereinigung zu schaffen und ein Leben lang alle Kraft darauf zu verwenden, ohne im geringsten an die Einheit heranzukommen, von der Jesus in Johannes 17 spricht.

Damit will ich nichts gegen eine sinnvolle organisatorische Einheit auf einer klaren Lehrgrundlage sagen. Aber hier spricht Jesus von etwas ganz anderem, denn es kann großaufgezogene organisatorische Vereinigungen ohne jegliche Einmütigkeit geben – selbst in Kirchen, die strenge Zucht geübt haben.

Ich befürworte dringend den Grundsatz und die Praxis der Reinheit in der sichtbaren Kirche, aber ich habe Kirchen gesehen, die für die Reinheit gekämpft haben und dabei zu Brutstätten der Gehässigkeit geworden sind. Da sind keine liebevollen persönlichen Beziehungen mehr zu beobachten, nicht in ihrer eigenen Mitte, und erst recht nicht zu anderen wahren Christen.

Aus einem weiteren Grund kann die Einheit, von der Christus spricht, nicht organisatorischer Art sein. *Alle* Christen – „auf daß sie alle eins seien" – sollen eins sein. Aber es kann doch wohl keine Einheitsorganisation geben, die alle wiedergeborenen Christen in der ganzen Welt umschließen würde. Das ist einfach unmöglich. Es gibt zum Beispiel wahre wiedergeborene Christen, die keiner Organisation angehören; und welche einzelne Organisation könnte diejenigen wahren Christen erfassen, die wegen Verfolgung von der Außenwelt abgeschnitten sind? Organisatorische Einheit ist offensichtlich nicht die Lösung.

Nun eine zweite falsche Vorstellung von dem, was diese Einheit bedeutet. Es ist die Auffassung, die oft von evangelikalen Christen vorgeschützt wird, um den Problemen auszuweichen. Nur zu oft hören wir von evangelikaler Seite: „Nun, Jesus spricht hier natürlich von der mystischen Gemeinschaft der unsichtbaren Kirche." Und damit ist für sie das Thema abgeschlossen, und sie denken nicht mehr darüber nach – nie mehr.

Gewiß, es gibt – theologisch ausgedrückt – eine sichtbare und eine unsichtbare Kirche. Die unsichtbare Kirche ist die wirkliche Gemeinde – sie hat die größte Bedeutung und ist allein berechtigt, diese Bezeichnung zu tragen, weil sie aus all denen besteht, die Christus als ihren Retter angenommen haben. Sie ist die Kirche Christi. Sobald ich Christ werde, sobald ich mich Christus anvertraue, werde ich ein Glied dieser Kirche, und eine verborgene mystische Einheit verbindet mich mit allen anderen Gliedern. Das trifft zu. Doch das meint Jesus in Johannes 13 und Johannes 17 nicht, denn diese Einheit können wir in keiner Weise zerstören. Beziehen wir also die Worte Jesu auf die mystische Einheit der unsichtbaren Kirche, so würdigen wir sie zu einer sinnlosen Phrase herab.

Entgegen einer dritten falschen Vorstellung spricht Jesus auch nicht von unserer einheitlichen Stellung in Christus. Es stimmt, daß eine standesmäßige Einheit in Christus besteht – sobald wir Christus als Retter annehmen, haben wir einen Herrn, eine Taufe, eine Geburt (die Wiedergeburt) und werden mit Christi Gerechtigkeit bekleidet. Aber darum geht es hier nicht.

Zum vierten haben wir eine rechtmäßige Einheit in Christus, doch auch davon ist hier nicht die Rede. Eine herrliche und unfaßbare rechtmäßige Einheit ist allen Christen gewährt. Der Vater (als Richter des Universums) fällt aufgrund des in

Raum, Zeit und Geschichte vollendeten Werkes Christi den Rechtsspruch, daß die echte moralische Schuld all jener, die sich in Christus bergen, für immer gelöscht ist. Das verleiht uns eine wundervolle Einheit; und doch meint Christus an dieser Stelle etwas anderes.

Der gläubige Christ darf nicht in die Vorstellung der unsichtbaren Kirche und dieser verwandten Gebiete Zuflucht nehmen. Wenn wir die Worte in Johannes 13 und 17 lediglich auf die Existenz der unsichtbaren Gemeinde beziehen, wird die Aussage Jesu sinnlos. Wir machen Jesu Worte zu einer leeren Phrase, wenn wir nicht erkennen, daß er von etwas Sichtbarem spricht.

Darum geht es doch: Die Welt kann die Sendung Jesu durch den Vater nur aufgrund eines Sachverhaltes beurteilen, der ihrer Beobachtung zugänglich ist.

Wahre Einheit

In Johannes 13 und 17 spricht Jesus von einer wirklich sichtbaren Einheit, einer tätigen Einheit, einer praktizierten Einheit über alle Grenzen hinweg, unter allen wahren Christen.

Der Christ hat eine doppelte Aufgabe. Sein Verhalten muß Gottes Heiligkeit und Gottes Liebe widerspiegeln. Im Christen soll sichtbar werden, daß Gott als persönlich-unendlicher Gott existiert, und zugleich soll er Gottes Wesen, seine Heiligkeit und Liebe bekunden. Nicht Heiligkeit ohne Liebe: das wäre bloße Härte. Nicht Liebe ohne Heiligkeit: das wäre nichts als Kompromiß. Wann immer sich einzelne Christen oder christliche Kreise so verhalten, daß sich darin nicht das Gleichgewicht von Gottes Heiligkeit und Liebe ausdrückt, bieten sie einer zuschauenden Welt nicht ein Abbild, sondern eine Karikatur des Gottes, der existiert.

Nach der Heiligen Schrift und der Lehre Christi muß unsere

Liebe außerordentlich stark sein. Es genügt nicht, darüber nur von Zeit zu Zeit ein paar Worte zu verlieren.

Sichtbare Liebe

Wie soll sich diese Liebe bekunden? Wie kann sie sichtbar werden?

Zunächst einmal bekundet sie sich auf sehr einfache Art: wenn ich einen Fehler gemacht und meinen christlichen Bruder nicht geliebt habe, dann muß ich zu ihm hingehen und ihm sagen: „Es tut mir leid." Das ist der erste Schritt.

Es mag enttäuschend erscheinen – unser erster Punkt so simpel, so banal! Wer aber glaubt, das sei einfach, der hat noch niemals danach zu handeln versucht.

Wenn wir in unserem Kreis, in unserer eigenen, uns nahestehenden Gemeinde oder auch nur in unserer Familie lieblos gewesen sind, dann gehen wir doch als Christen nicht automatisch zu dem anderen hin und sagen ihm, daß es uns leid tut! Selbst dieser erste Schritt fällt uns stets schwer.

Es mag einfältig scheinen, unsere Liebe mit der Entschuldigung und der Bitte um Vergebung zu beginnen, aber das Gegenteil ist der Fall. Nur so können wir nämlich die Gemeinschaft wiederherstellen, sei es zwischen Mann und Frau, zwischen Eltern und Kind, innerhalb einer christlichen Gemeinde oder zwischen den einzelnen Gemeinden. Wenn wir den anderen nicht genug gliebt haben, sind wir von Gott aufgefordert hinzugehen und zu sagen: „Es tut mir leid . . . es tut mir wirklich leid."

Wenn ich nicht bereit bin, „Es tut mir leid" zu sagen, wenn ich jemandem Unrecht getan habe – und besonders, wenn ich ihn nicht geliebt habe –, dann habe ich noch nicht einmal darüber nachzudenken begonnen, was für die Welt sichtbare christliche Einheit bedeutet. Dann kann sich die Welt mit

Recht fragen, ob ich überhaupt ein Christ bin. Und, lassen Sie es mich noch einmal betonen, es steht noch mehr auf dem Spiel: wenn ich diesen einfachen Schritt nicht tun will, hat die Welt das Recht zu bezweifeln, daß Jesus von Gott gesandt war und daß das Christentum wahr ist.

Wieweit haben wir bewußt so gehandelt? Wie oft sind wir unter der Leitung des Heiligen Geistes zu Christen in unserem Kreis gegangen, um ihnen zu sagen: „Es tut mir leid"? Wieviel Zeit haben wir aufgewendet, um die Verbindung mit Christen in anderen Kreisen wiederherzustellen und ihnen zu sagen: „Ich bereue, was ich getan, was ich ausgesprochen, oder was ich geschrieben habe"? Wie oft ist eine *Gruppe* nach einem Streit zu einer anderen *Gruppe* gegangen und hat gesagt: „Es tut uns leid"? Dieses Verhalten ist so wichtig, daß es tatsächlich ein Teil der Evangeliumsverkündigung selbst ist. Sichtbar praktizierte Wahrheit und sichtbar praktizierte Liebe gehen mit der Verkündigung der frohen Botschaft von Jesus Christus Hand in Hand.

Ich habe in den Auseinandersetzungen *unter wahren Christen* in vielen Ländern eines beobachtet: Was wahre christliche Gruppen und einzelne Christen trennt und voneinander scheidet – was über 20, 30 oder 40 Jahre hinweg (oder über 50 bis 60 Jahre im Gedächtnis der Söhne) dauernde Bitterkeit hinterläßt – ist nicht die Frage der Lehre oder des Glaubens, an der sich der Streit entzündete. Immer ist es der Mangel an Liebe – und die häßlichen Worte, mit denen wahre Christen einander während des Streites bedachten. Die bleiben im Gedächtnis hängen. Im Laufe der Zeit erscheinen die sachlichsten Gegensätze zwischen den Christen oder den christlichen Kreisen nicht mehr so scharf wie zuvor, es bleiben aber die Spuren jener bitteren, häßlichen Worte, die in einer – wie wir meinten – berechtigten und sachlichen Diskussion gefallen sind.

Genau darüber aber – über die lieblose Haltung und die harten Worte in der Kirche Jesu Christi, unter wahren Christen – rümpft die nichtchristliche Welt die Nase.

Könnten wir, wenn wir als wahre Christen einander widersprechen müssen, einfach unsere Zunge hüten und in Liebe sprechen, so wäre die Bitterkeit in fünf oder zehn Jahren vorbei. So aber hinterlassen wir Narben – einen Fluch für Generationen. Nicht nur ein Fluch innerhalb der Kirche, sondern ein Fluch in der Welt. In der christlichen Presse macht es Schlagzeilen, und manchmal kocht es in die weltliche Presse über – daß Christen solch häßliche Dinge über andere Christen sagen.

Die Welt schaut zu, zuckt die Achseln und wendet sich ab. Sie hat inmitten einer sterbenden Kultur nicht einmal den Funken einer lebendigen Kirche gesehen. Sie hat nicht einmal den Ansatz dessen gesehen, was nach Jesu Worten die überzeugendste Apologetik ist – sichtbare Einheit unter wahren Christen, die doch Brüder in Christus sind. Unsere scharfen Zungen, der Mangel an Liebe unter uns, verwirren die Welt zu Recht – weit mehr als die notwendigen Hinweise auf Unterschiede, die es zwischen echten Christen geben mag.

Wie weit entfernt sind wir doch von dem schlichten und einfachen Gebot Jesu Christi – eine wahrnehmbare Einheit aufzuweisen, die die Welt mit eigenen Augen sehen kann!

Vergebung

Zu der wahrnehmbaren Liebe gehört aber mehr als das Bekunden von Reue. Die Vergebung gehört auch dazu. Und wenn es schon schwerfällt, „Es tut mir leid" zu sagen, so ist es noch schwerer zu vergeben. Die Bibel läßt jedoch keinen Zweifel daran, daß die Welt unter dem Volk Gottes einen Geist der Vergebung sehen muß.

Im Vaterunser lehrt uns Jesus selbst zu beten: „Und vergib uns unsere Sünden, denn auch wir vergeben jedem, der uns schuldig ist" (nach Lk 11). Dieses Gebet, das sei gleich festgehalten, ist nicht ein Gebet um Errettung. Es hat nichts zu tun mit der Wiedergeburt, denn wir sind allein aufgrund des vollbrachten Werkes Christi wiedergeboren, ohne eigenes Zutun. Das Gebet bezieht sich vielmehr auf die existentielle, Schritt um Schritt erlebte Verbindung mit Gott. Zu unserer Rechtfertigung brauchen wie die ‚ein für allemal' geschehene Vergebung; wir benötigen aber daneben jeden Augenblick die Vergebung der Sünden aufgrund des Werkes Christi, damit unsere offene Gemeinschaft mit Gott ungetrübt bleibt. Was der Herr uns im Vaterunser zu beten gelehrt hat, sollte einen Christen jeden Tag seines Lebens zur Besinnung führen: Wir bitten den Herrn, uns für die Erfahrung der Gemeinschaft mit ihm zu öffnen, indem wir den anderen vergeben.

Manche Christen behaupten, das Vaterunser sei nicht für unser Zeitalter bestimmt, die meisten von uns sind aber anderer Meinung. Und doch denken wir kaum einmal im Jahr daran, daß ein Zusammenhang besteht zwischen unserem Mangel an Vergebungsbereitschaft und Gottes Vergebung uns gegenüber. Viele Christen sehen nur selten oder nie die Beziehung zwischen ihrem eigenen Mangel an wirklicher Gemeinschaft mit Gott und ihrem Mangel an Vergebungsbereitschaft den Menschen gegenüber, selbst wenn sie das Vaterunser gewohnheitsmäßig im sonntäglichen Gottesdienst nachsprechen.

Wir alle müssen immer wieder eingestehen, daß wir die Vergebung nicht genügend praktizieren. Und doch lautet das Gebet: „Vergib uns unsere Schuld, unsere Übertretungen, wie wir unseren Schuldnern vergeben" (nach Mt 6). Wir sollen vergebungsbereit sein, ehe der andere sich für seinen Fehler entschuldigt. Das Vaterunser deutet nicht an, daß wir erst dann, wenn der andere bedauert, die Einigkeit durch die Bereitschaft zur Vergebung beweisen sollen. Vielmehr sind wir aufgefordert, einen Geist der Vergebung zu haben, ohne vom anderen den ersten Schritt zu erwarten. Wir mögen festhalten, daß er im Unrecht ist, aber selbst wenn wir dies sagen, soll es in der Vergebung geschehen.

Wir sollen diesen Geist der Vergebung nicht nur unter Christen, sondern allen Menschen gegenüber walten lassen. Wenn wir uns aber allen Menschen gegenüber so verhalten sollen, dann gewiß auch den Christen gegenüber.

Ein solcher Geist der Vergebung zeigt eine Haltung der Liebe zu anderen an. Aber selbst wenn man sie nur als „Haltung" bezeichnet, läßt sich wahre Vergebungsbereitschaft beobachten. Schon ein Blick ins Gesicht eines Menschen läßt uns erkennen, wo er in bezug auf Vergebung steht. Und die Welt soll uns anschauen und sehen können, ob wir in unseren Kreisen und über unsere Grenzen hinweg Liebe füreinander haben. Kann sie beobachten, daß wir „Es tut mir leid" sagen und von Herzen zur Vergebung bereit sind? Ich möchte wiederholen: Unsere Liebe wird nicht vollkommen sein, aber sie muß deutlich genug sein, um von der Welt wahrgenommen zu werden, andernfalls entspricht sie nicht den Anforderungen der Schriftworte in Johannes 13 und 17. Und wenn die Welt dies unter den wahren Christen nicht beobachten kann, steht ihr nach den beiden Schriftstellen das Recht zu, zwei unerbittliche Urteile zu fällen: daß wir keine Christen sind und daß Christus nicht vom Vater gesandt worden ist.

Zurechtweisung unter Christen

Was soll nun geschehen, wenn wir anderen Brüdern in Christus widersprechen müssen, weil wir in Lehre und Wandel auch Gottes Heiligkeit dokumentieren müssen? Für den Lebenswandel zeigt uns Paulus das richtige Gleichgewicht im 1. und 2. Korintherbrief. Dieselben Grundsätze gelten auch für die Lehre.

In 1. Korinther 5,1–5 wirft Paulus der Gemeinde zu Korinth vor, einen in Unzucht lebenden Mann in ihrer Mitte zu dulden, ohne ihn zurechtzuweisen. Aufgrund der Heiligkeit Gottes, weil diese Heiligkeit der zuschauenden Welt sichtbar sein sollte und weil ein solches Urteil auf der Grundlage des geoffenbarten göttlichen Gesetzes in Gottes Augen recht ist, rügt Paulus die Gemeinde, daß sie den Mann nicht zur Rechenschaft gezogen hat.

Nachdem sie ihn zurechtgewiesen hat, schreibt Paulus wieder in 2. Korinther 2,6-8 und macht ihr diesmal den Vorwurf, daß sie ihm keine Liebe erzeigt. Diese zwei Gesichtspunkte gehören zusammen.

Ich bin dankbar, daß Paulus im ersten und dann im zweiten Brief in dieser Weise schreibt, denn so wird ein Zeitablauf sichtbar. Die Korinther sind seinem Rat gefolgt, sie haben diesen Christen zurechtgewiesen, und nun schreibt ihnen Paulus: „Ihr habt ihn bestraft, aber warum erzeigt ihr ihm nun nicht auch eure Liebe?" Er hätte fortfahren und Jesus zitieren können: „Ist es euch nicht bewußt, daß eure heidnischen Nachbarn in Korinth das Recht zu dem Urteil haben, Jesus sei nicht vom Vater gesandt worden, weil ihr dem von euch richtigerweise bestraften Manne nun keine Liebe erweist?"

Hier stellt sich eine wichtige Frage: Wie können wir die von Christus geforderte Einheit bekunden, ohne an den Fehlern des anderen mitschuldig zu werden? Ich möchte einige Wege aufzeigen, wie wir diese Einheit selbst über unumgängliche Meinungsverschiedenheiten hinweg üben und beweisen können.

Trauer

Zunächst einmal sollten wir an solche Auseinandersetzungen mit wahren Christen nie ohne Bedauern und ohne Tränen herangehen. Das klingt recht einfach, nicht wahr? Aber glauben Sie mir, evangelikale Christen haben diese Haltung nur zu oft nicht gezeigt. Manchmal hat man den Eindruck, daß wir uns begeistert auf die Fehler anderer Leute stürzen. Wir machen uns wichtig, indem wir andere niedermachen. So kann nie eine wirkliche Einheit unter Christen sichtbar werden.

Es gibt nur einen Menschentyp, der die Kämpfe des Herrn in einer einigermaßen angemessenen Weise ausfechten kann, und das ist der von Natur aus friedfertige Mensch.

Ein streitlustiger Mensch kämpft um des Streites willen; zumindest sieht es so aus. Wo Auseinandersetzungen unter wahren Christen unumgänglich sind, da muß die Welt sehen, daß wir uns nicht streiten, weil wir Blut geleckt haben, weil wir die Atmosphäre der Arena oder des Stierkampfs lieben, sondern weil wir zu Gott stehen wollen. Wenn wir sprechen müssen und wir dies unter Tränen tun, kann eine wunderbare Wendung zutage treten.

Ferner ist es wichtig, der Welt bewußt eine Liebe vor Augen zu führen, die um so größer ist, je tiefer die Meinungsverschiedenheiten unter den wahren Christen sind. Nicht alle Differenzen unter Christen sind gleichbedeutend. Einige sind nur Kleinigkeiten. Andere sind von überragender Bedeutung.

Je ernster der Fehler ist, um so wichtiger ist es, auf die Heiligkeit Gottes hinzuweisen und das Falsche als falsch zu bezeichnen. Zugleich aber müssen wir, je größer die Meinungsverschiedenheiten sind, um so dringender vom Heiligen Geist die Kraft erbitten, diesen wahren Christen, denen wir entgegentreten müssen, doch Liebe erweisen zu können. Handelt es sich um Kleinigkeiten, fällt es uns nicht schwer, liebevoll zu bleiben. Ist aber die Auseinandersetzung wirklich bedeutend, ist es wichtig, für die Heiligkeit Gottes entsprechend einzustehen. Und um so wichtiger ist es, in dieser Lage der Welt zu zeigen, daß wir einander dennoch lieben.

Als natürliche Menschen reagieren wir genau umgekehrt: In den weniger wichtigen Fällen erzeigen wir den wahren Christen mehr Liebe, geht aber die Auseinandersetzung um wichtigere Fragen, neigen wir dazu, weniger Liebe zu zeigen. Das Gegenteil sollte der Fall sein: Wenn die Schwierigkeiten unter den Christen größer werden, müssen wir *bewußt* lieben und diese Liebe so zum Ausdruck bringen, daß die Welt sie sehen kann.

Wir müssen uns also fragen: Ist mein Streitpunkt mit meinem Bruder in Christus wirklich entscheidend wichtig? Wenn ja, ist es doppelt wichtig, mir Zeit zu nehmen und den Heiligen Geist und Christus auf den Knien zu bitten, sein Werk durch mich und meinen Kreis zu tun, damit ich und wir sogar in dieser grundlegenden Meinungsverschiedenheit mit einem Bruder in Christus oder mit einem anderen Kreis von wahren Christen, dennoch Liebe zeigen können.

Liebe um einen hohen Preis

Als drittes müssen wir inmitten des Dilemmas einen greifbaren Liebesbeweis erbringen, auch wenn er uns etwas kostet. Das Wort *Liebe* darf nicht nur eine Phrase sein. Mit anderen Worten: wir sollen alles tun, was zu tun ist, um jeden Preis, um diese Liebe zu beweisen. Wir dürfen nicht sagen: „Ich liebe dich", und dann – bumm, bumm, bumm!

Oft denken die Menschen, das Christentum sei etwas Weichliches, eine Art von verschwommener Liebe, die das Böse wie das Gute liebt. Das ist nicht der biblische Standpunkt. Mit der Liebe Gottes ist gleichzeitig seine Heiligkeit darzustellen. Wir dürfen deshalb nicht sagen, das Falsche sei recht, weder im Bereich der Lehre noch in dem des Wandels, in unserem eigenen Kreis oder in einem anderen. Überall ist das Falsche falsch, und wir sind in dieser Situation dafür verantwortlich, das Falsche auch falsch zu nennen. Und doch muß die sichtbare Liebe um jeden Preis dabei sein.

Die Bibel läßt uns keine andere Wahl. In 1 Korinther 6,1–7 stehen diese Worte:

Wie darf jemand von euch, der eine Beschwerde gegen einen anderen hat, sich bei den Ungerechten (das heißt den Ungeretteten) richten lassen, anstatt bei den Heiligen? Wisset ihr nicht, daß die Heiligen die Welt richten werden? Wenn nun durch euch die Welt gerichtet werden soll, seid ihr dann unwürdig, über die allergeringsten Dinge zu entscheiden? Wisset ihr nicht, daß wir Engel richten werden? Warum denn nicht auch Dinge dieses Lebens? Wenn ihr nun über Dinge dieses Lebens Entscheidungen zu treffen habt, so setzet ihr solche zu Richtern, die bei der Gemeinde nichts gelten! Zur Beschämung sage ich's euch; demnach ist also nicht ein einziger Sachverständiger unter euch, der ein unparteiisches Urteil fällen könnte für seinen Bruder; sondern ein Bruder rechtet mit dem anderen, und das vor Ungläubigen! Es ist überhaupt schon schlimm genug für euch, daß ihr Prozesse miteinander führet. *Warum lasset ihr euch nicht lieber Unrecht tun? Warum lasset ihr euch nicht lieber übervorteilen?*

Was bedeutet das? Die Gemeinde soll nicht fünf gerade sein lassen; aber der Christ sollte lieber einen praktischen, finanziellen Verlust hinnehmen, um damit die Einheit der wahren Christen zu dokumentieren, anstatt andere wahre Christen vor Gericht zu verklagen; damit würde er nämlich die sichtbare Einheit vor den Augen der Welt zerstören. Eine solche Liebe kostet etwas, aber solche praktizierte Liebe ist sichtbar.

Paulus spricht hier von einer Situation, die sichtbar und ganz real ist: In einer unvermeidlichen Auseinandersetzung mit seinem Bruder soll der Christ eine Liebe beweisen, die bereit ist, einen Verlust einzustecken – nicht nur einen finanziellen Verlust (obwohl für die meisten Christen die Liebe und Einheit aufzuhören scheint, wenn es um Geld geht), sondern jeden erdenklichen Verlust.

Wie die besonderen Umstände auch aussehen mögen, in jedem einzelnen Fall sollen wir ganz praktisch unsere Liebe beweisen. Die Bibel ist ein Buch, das uns für jede Situation unseres Alltags etwas Handfestes zu sagen hat.

Viertens können wir unsere Liebe zeigen und beweisen, ohne am Fehler unseres Bruders mitschuldig zu werden, indem wir das Problem angehen mit dem Verlangen, es zu lösen und nicht nur die Oberhand zu behalten. Wir alle sind gern die Gewinner. Ja, keiner möchte lieber recht behalten als gerade der Theologe. Die Geschichte der Theologie ist über weite Strecken hinweg gekennzeichnet durch das Verlangen, unbedingt der Sieger zu sein.

Wir sollten uns jedoch vor Augen führen, daß wir bei unseren Meinungsverschiedenheiten um eine *Lösung* ringen müssen – eine Lösung, die Gott die Ehre gibt, die der Bibel entspricht, die aber gleichzeitig mit der Heiligkeit Gottes auch seine Liebe widerspiegelt. Welche Haltung nehmen wir ein, wenn wir uns mit unserem Bruder an einen Tisch setzen oder ein Gemeindekreis mit einem anderen zusammentrifft, um über Meinungsverschiedenheiten zu sprechen? Wollen wir unbedingt als Sieger dastehen? Wollen wir beweisen, daß wir dem anderen um eine Nasenlänge voraus sind? Wenn wir überhaupt Liebe üben wollen, dann müssen wir uns bei solchen Diskussionen um Lösungen bemühen und nicht um jeden Preis recht zu behalten versuchen.

Streitfragen – verschieden gelöst

Ein fünfter Weg, praktische, für die Welt sichtbare Liebe zu zeigen, liegt in der Einsicht, die wir uns und den anderen immer wieder *bewußt* vor Augen halten müssen, daß es leicht ist, Kompromisse zu schließen und Unrecht Recht zu nennen, daß es aber ebenso leicht ist, unsere Pflicht zur Einheit in Christus zu vergessen. Diese Einstellung sollte ständig zielbewußt gestärkt und in Wort und Schrift innerhalb unserer Kreise, wie auch unter den einzelnen Gemeindegliedern gefördert werden.

Darüber muß unbedingt gesprochen und geschrieben werden, *ehe* sich unter wahren Christen Zwiespalt erhebt. Wir halten Konferenzen über alle möglichen Themen. Wer hat aber je von einer Konferenz gehört, die von der Frage bestimmt war, wie wahre Christen durch ihr Handeln Gottes Heiligkeit und gleichzeitig Gottes Liebe vor den Augen der Welt darstellen können? Wer hat je von Predigten oder Schriften gehört, die eingehend darlegen, wie man nach zwei Grundsätzen leben kann, die einander auszuschließen scheinen:

1) nach dem Grundsatz der Reinheit der sichtbaren Kirche in bezug auf Lehre und Wandel und

2) dem Grundsatz der sichtbaren Liebe und Einheit unter *allen* wahren Christen?

Sind wir denn wirklich so naiv zu glauben, wir könnten uns bei notwendigen Auseinandersetzungen mit wahren Christen richtig verhalten, wenn vorher über diese Dinge nicht eingehend gepredigt und geschrieben worden ist?

In den Augen der Welt wird eine sichtbare Liebe inmitten einer Streitfrage einen Unterschied zwischen den Differenzen bei Christen und den Differenzen bei anderen Menschen aufzeigen. Die Welt mag nicht verstehen, worüber die Christen geteilter Meinung sind, aber sie wird rasch den Unterschied zwischen unseren Auseinandersetzungen und denen in der Welt verstehen, wenn sie sieht, daß wir unsere Streitfragen mit offener und wahrnehmbarer Liebe auf praktischer Ebene begleiten.

Das ist ein himmelweiter Unterschied! Sehen wir nun, weshalb Jesus sagte, diese Tatsache werde die Aufmerksamkeit der Welt fesseln? Niemand kann von der Welt erwarten, lehrmäßige Unterschiede zu verstehen, besonders in unserer Zeit, wo die Existenz von wahrer Wahrheit und absoluten Werten selbst als Theorie undenkbar erscheint.

Wir können von der Welt kein Verständnis dafür erwarten,

daß wir aufgrund der Heiligkeit Gottes eine andere Art von Auseinandersetzungen kennen, weil wir mit Gottes absoluten Maßstäben rechnen. Wenn sie aber Auseinandersetzungen unter wahren Christen sieht, die dabei dennoch eine sichtbare Einheit dokumentieren, dann wird der Weg gebahnt, auf dem die Welt die Wahrheit des Christentums wahrnehmen und den Anspruch Christi, daß der Vater den Sohn gesandt hat, verstehen kann.

Tatsächlich können wir bei Meinungsverschiedenheiten besser zeigen, was Jesus hier sagen will, als wenn wir keine Schwierigkeiten hätten. Es dürfte jedem einleuchten, daß wir deshalb nicht nach Differenzen unter Christen suchen sollen: Es gibt deren genug, ohne noch mehr zu suchen. Aber dennoch haben wir inmitten der Schwierigkeiten unsere große Chance. Wenn alles glatt läuft und wir als eine „freundliche Schar" zusammenstehen, gibt es für die Welt nicht viel zu sehen. Wenn es aber zu einer wirklichen Auseinandersetzung kommt und wir kompromißlos an den Grundsätzen festhalten, gleichzeitig aber wahrnehmbare Liebe beweisen, dann kann die Welt hier etwas sehen, etwas, woraus sie schließen kann, daß hier wirklich Christen sind und Jesus tatsächlich vom Vater gesandt worden ist.

Praktizierte Liebe

Lassen Sie mich zwei eindrucksvolle Beispiele von solch wahrnehmbarer Liebe erwähnen. Das eine trug sich unmittelbar nach dem letzten Krieg innerhalb der Brüderbewegung in Deutschland zu.

Um die Kirche in den Griff zu bekommen, befahl Hitler durch gesetzliche Gleichschaltung den Zusammenschluß aller religiösen Gruppen in Deutschland. Die Brüdergemeinde spaltete sich über dieser Frage. Die eine Hälfte beugte sich dem Diktat, und die andere Hälfte verweigerte den Gehorsam. Die Nachgiebigen hatten natürlich viel weniger Schwierigkeiten, aber der organisatorische Zusammenschluß mit liberalen Kreisen verwässerte allmählich ihre klare Lehre und ihr geistliches Leben. Auf der anderen Seite blieb die nicht gleichgeschaltete Gruppe geistlich bei Kräften, aber es gab kaum eine Familie ohne Todesopfer in deutschen Konzentrationslagern.

Können wir uns die emotionale Spannung vorstellen? Der Krieg ist vorbei, und diese Christen stehen sich wieder gegenüber. Sie vertraten dieselbe Lehre und hatten für mehr als eine Generation zusammengearbeitet. Was sollte nun geschehen? Da ist ein Mann, der den Tod seines Vaters im Konzentrationslager beklagt und der die anderen sieht, die solchen Prüfungen entgangen sind. Doch auch auf der anderen Seite gibt es viele gefühlsmäßige Vorbehalte.

Schritt um Schritt kamen diese Brüder nun zu der Überzeugung, daß es so einfach nicht weitergehen konnte. Es wurde ein Zeitpunkt für ein Treffen der Ältesten aus beiden Gruppen an einem stillen Ort angesetzt. Ich fragte den Mann, der mir das erzählte: „Was haben Sie nun getan?" Er antwortete: „Das will ich Ihnen sagen. Wir kamen zusammen, und einige Tage lang prüfte ein jeder sein eigenes Herz." Hier bestand eine wirkliche Uneinigkeit; die Gefühle waren zutiefst aufgewühlt. „Mein Vater kam ins Konzentrationslager, meine Mutter ist verschleppt worden." Solche Erfahrungen sind nicht nur kleine Kieselsteine im Fluß der Ereignisse; sie reichen in die tiefsten Quellen menschlicher Empfindungen hinab. Diese Menschen aber verstanden das Gebot Christi in ihrer Lage, und so verharrten sie mehrere Tage hindurch in Selbstprüfung und dachten über die eigenen Fehler und über die Gebote Christi nach. Dann kamen sie wieder zusammen.

Ich fragte den Mann: „Was geschah nun?" „Wir waren einfach wieder eins", antwortete er. Genau das meint Jesus, davon bin ich überzeugt. Der Vater hat den Sohn gesandt!

Getrennt, und doch eins

Der Grundsatz, von dem wir sprechen, ist allgemeingültig, überall und jederzeit zutreffend. So möchte ich nun ein zweites Beispiel geben – eine andere Anwendung desselben Grundsatzes.

Ich habe jahrelang Ausschau gehalten, um zu sehen, ob je einmal zwei Gruppen von wiedergeborenen Christen, für die eine Zusammenarbeit aus guten Gründen nicht möglich ist, sich ohne bittere gegenseitige Vorwürfe trennen könnten. Lange Zeit habe ich auf das Ereignis gehofft, daß zwei Gruppen, die eine organisatorische Einheit nicht mehr aufrechterhalten können, der außenstehenden Welt den Beweis der weiterbestehenden Liebe zueinander bieten würden.

Theoretisch sollte natürlich jede örtliche Gemeinde ihren Dienst in allen Schichten der Gesellschaft ausüben können. In der Praxis müssen wir aber zugeben, daß dies in gewissen Situationen sehr schwierig ist. Die Bedürfnisse der verschiedenen Gesellschaftsschichten sind doch sehr unterschiedlich.

Vor kurzem ist ein Problem dieser Art in einer Gemeinde einer großen Stadt im mittleren Westen der Vereinigten Staaten entstanden. In diese Gemeinde kam eine Reihe von Leuten, die sich in ihrem Lebensstil bewußt modern gaben. Mit der Zeit kam der Pastor zur Überzeugung, daß er in Amt und Predigt nicht beiden Teilen dienen konnte. Manchen mag das gelingen, er fand es jedoch unmöglich, allen Gruppen seiner Gemeinde – sowohl den „Langhaarigen" und ihren avantgardistischen Begleitern, als auch den Leuten aus der umliegenden Nachbarschaft – gerecht zu werden.

Das Beispiel sichtbarer Liebe, das ich nun beschreiben will, darf nicht als in der heutigen Zeit selbstverständlich betrachtet werden. In unserer Generation kann sich die Lieblosigkeit nur zu leicht in beiden Richtungen zeigen: Menschen der bürgerlichen Mittelschicht können sehr wohl den langhaarigen Christen gegenüber distanziert und lieblos sein, genauso wie auch diese langhaarigen Christen mit den kurzhaarigen unfreundlich umgehen können.

Nach einem längeren Versuch der Zusammenarbeit versammelten sich die Ältesten und kamen überein, zwei Gemeinden zu organisieren. Es wurde ausdrücklich unterstrichen, daß die Trennung nicht wegen verschiedener Lehrauffassungen stattfand; die Teilung erfolgte aus reiner Zweckmäßigkeit. Ein Mitglied des Ältestenrates begab sich zu der neuen Gruppe. In Beratungen des ganzen Ältestenrates wurde ein ordnungsgemäßer Übergang ausgearbeitet. Nun bestehen zwei Kirchen nebeneinander, die in tatsächlicher Liebe miteinander verkehren.

Hier wurde die organisatorische Einheit aufgegeben, um der wahren Liebe und Einheit Raum zu schaffen, und zwar einer Liebe und Einheit, die die Welt zu sehen vermag. Der Vater hat den Sohn gesandt!

Aus innerster Überzeugung möchte ich noch einmal betonen, daß wir im Ringen um die rechte Verkündigung des Evangeliums in diesem zwanzigsten Jahrhundert unsere Botschaft unbedingt durch unsere wahrnehmbare Liebe glaubwürdig machen müssen. Diese entscheidende Apologetik dürfen wir nicht vernachlässigen! Die Welt beobachtet uns mit vollem Recht, um zu sehen, wie wir als wahre Christen handeln, wenn Meinungsverschiedenheiten auftreten, und sie sollte sehen können, daß wir einander lieben. Unsere Liebe muß eine Form annehmen, die die Welt beobachten kann; sie muß sichtbar sein.

Das eine wahre Kennzeichen

Noch einmal wollen wir die Bibelworte betrachten, die das Kennzeichen des Christen so deutlich beschreiben:

Ein neues Gebot gebe ich euch, daß ihr einander liebet; daß, wie ich euch geliebt habe, auch ihr einander liebet. Daran wird jedermann erkennen, daß ihr meine Jünger seid, wenn ihr Liebe untereinander habt.

(Johannes 13,34–35)

Auf daß sie alle eins seien, gleichwie du, Vater, in mir und ich in dir; auf daß auch sie in uns eins seien, damit die Welt glaube, daß du mich gesandt hast.

(Johannes 17,21)

Was wollen wir nun festhalten? Vorab, daß wir Christen aufgerufen sind, so wie der Samariter den halbtot geschlagenen Menschen mit Liebe umgab, *alle* Menschen als unsere Nächsten zu lieben, ja, sie zu lieben wie uns selbst. Des weiteren sind wir geheißen, allen wahren christlichen Brüdern auch inmitten von Meinungsverschiedenheiten – großen oder kleinen – Liebe zu erweisen; sie auch dann zu lieben, wenn es uns etwas kostet, sie auch in Zeiten höchster Spannungen und Gefühlskrisen zu lieben und sie so zu lieben, daß die Welt es sehen kann. Wir sind, kurz gefaßt, aufgefordert, in all unserem Verhalten Gottes Heiligkeit und Gottes Liebe zu beweisen, sonst betrüben wir den Heiligen Geist.

Liebe – und die durch sie bezeugte Einheit – ist das den Christen von Christus gegebene Kennzeichen, das sie der Welt *vorweisen* sollen. Nur durch dieses Kennzeichen kann die Welt erkennen, daß die Christen wirklich Christen sind und daß Jesus vom Vater gesandt worden ist.

Anmerkungen

Worauf kommt es wirklich an?
[1] Henry Grunwald, „*Time* at 60", *Time,* Oktober (Ausgabe zum 60jährigen Bestehen) 1983, Seite 5.
[2] Roger Rosenblatt, „What Really Mattered?" *Time,* Oktober (Ausgabe zum 60jährigen Bestehen) 1983, Seite 24 f.
[3] ebd., Seite 25.
[4] ebd., Seite 26.
[5] ebd., Seite 27.
[6] Die Ausdrücke „biblischer Konsens" und „christlicher Konsens", die in diesem Kapitel und im weiteren Buch gebraucht werden, bedürfen einiger Erklärungen. Mit diesen Ausdrücken will ich nicht sagen, daß jeder in der Zeit der Reformation in Nordeuropa wirklich Christ war, auch will ich dann, wenn ich den Begriff auf die USA anwende, nicht behaupten, daß jeder dort aufrichtig Christ gewesen ist. Ich beziehe mich auf die Tatsache, daß die christliche Weltsicht und das biblische Wissen im einzelnen weit in unserer Kultur verbreitet waren und den entscheidenden Einfluß zur Formung unserer Kultur gaben. In anderen Worten, zur Zeit der Reformation und bis vor 60 Jahren in den USA glaubte der Großteil der Menschen an die grundlegenden christlichen Wahrheiten: die Existenz Gottes; Jesus war Gottes Sohn; es gibt ein Leben nach dem Tod; Moral bezieht sich auf etwas, was wirklich richtig oder falsch ist (im Gegensatz zur relativen Moral); Gott ist gerecht und bestraft die, die Falsches tun; es gibt wirklich Böses in der Welt als Ergebnis des Sündenfalls; die Bibel ist Gottes Wort. Zur Zeit der

Reformation und in den USA bis vor 60 Jahren hielten die meisten Menschen diese Dinge für wahr – manchmal nur sehr unbestimmt und meist nicht in dem Sinn, daß sie an Jesus als ihren persönlichen Retter glaubten.

Dieser Konsens war für die Gründung der USA entscheidend. Damit ist weder gesagt, daß dies ein goldenes Zeitalter war, noch, daß die Gründer persönlich Christen waren, noch, daß die Christen immer einheitlich in ihren politischen Vorstellungen waren. Aber diese Vorstellung eines Schöpfers und eines christlichen Konsens oder Ethos war entscheidend für ihre Arbeit, und der Unterschied zwischen der Amerikanischen Revolution auf der einen Seite und der Französischen und Russischen auf der anderen Seite kann nicht verstanden werden ohne die Bedeutung des christlichen Konsens oder Ethos.

Diese Allgemeingültigkeit des biblischen Wissens kann eigentlich als „biblischer Konsens", „christlicher Konsens" oder „christliches Ethos" bezeichnet werden. Und es muß korrekterweise festgehalten werden, daß dieser „Konsens" einen entscheidenden Einfluß auf die Bildung unserer Kultur der Reformation hatte; dies gilt genauso für die Erweiterung dieser Kultur in Nordamerika, Australien und Neuseeland. Dies muß natürlich mit Vorsicht gesagt werden, um nicht zu Übersteigerungen zu gelangen, in denen etwa behauptet wird, die USA wären eine „christliche Nation" in dem Sinn, daß jeder dort nach der biblischen Botschaft leben würde, oder in denen die Vereinigten Staaten gar Gottes „auserwählte Nation" genannt werden.

Darüber hinaus dürfen wir nicht vergessen, daß es in der Vergangenheit nie ein „goldenes Zeitalter" gegeben hat, zu dem wir zurückkehren könnten, und daß eine Nation ebensowenig perfekt sein kann wie der Einzelne. Wie ich schon in der Vergangenheit festgestellt habe, hat es im wesentlichen auf drei Gebieten einige Verfehlungen gegeben: 1. Rassentrennung, 2. angemessener Umgang mit Reichtum: wie wird Geld verdient, und wie wird es gebraucht? 3. falsche Beschreibung einer „höheren Bestimmung", wie manche dies taten. Aber wenn wir uns dies alles klarmachen, dann müssen wir feststellen, daß dieser Konsens, soweit dieser in Nordeuropa und seinen Erweiterungen ein christlicher Konsens ist, unsere Kultur grundlegend geformt und viele beeindruckende Segnungen hervorgebracht hat, die das gesamte Spektrum des menschlichen Lebens betreffen. Außerdem ist auch das Gegenteil wahr: sobald unsere Kultur den christlichen Konsens verließ, hatte dies eine verheerende Auswirkung für das menschliche Leben und die gesamte Kultur, was einen umfassenden Zusammenbruch sowohl der Moral als auch der anderen Bereiche mit sich brachte.

[7] Weitere Ausführungen in: Francis A. Schaeffer, *Wie können wir denn leben?*, 2. Auflage, Neuhausen–Stuttgart 1985, Seite 225 f., 229 ff.

[8] Weitere Ausführungen und etwas andere Entwicklung des Materials der nächsten zwei Abschnitte: Francis A. Schaeffer, *Tod in der Stadt*, Wuppertal 1973, Seite 64 ff.

[9] Weitere Ausführungen in: ebd.

[10] Dies wird behandelt in: Francis A. Schaeffer, *A Christian Manifesto* in: *The Complete Works Vol. V.*, Westchester, Ill., 1982, Seite 423–430. Francis A. Schaeffer, Vladimir Bukovsky and James Hitchcock, *Who Is for Peace?*, Nashville 1983, Seite 13–19. Meine Kritik des säkularen Humanismus in: Francis A. Schaeffer, *Gott ist keine Illusion,* Wuppertal/Genf 1985. Francis A. Schaeffer, *Bitte laß mich leben,* Neuhausen–Stuttgart 1979. Weitere exzellente Diskussionen des säkularen Humanismus bei: James Hitchcock, *What Is Secular Humanism? Why Humanism Became Secular and How It Is Changing the World,* Ann Arbor, Mich., 1982. Herbert Schlossberg, *Idols for Destruction: Christian Faith and Its Confrontation with American Society,* Nashville 1983 (besonders Kapitel 2). Os Guiness, *The Gravedigger File: Papers on the Subversion of the Modern Church,* Downers Grove, Ill., 1983.

[11] F. L. Cross (Hrsg.), *The Oxford Dictionary of the Christian Church,* London 1958, Seite 104, 105. Es ist bemerkenswert, daß in der Originalausgabe des Dictionary das deutsche Wort „Aufklärung" benutzt wird, während in der hier zitierten englischen Ausgabe dies durch das englische Wort „Enlightment" ersetzt worden ist.

[12] J. Gresham Machen, *Christianity and Liberalism,* Grand Rapids, Mich., 1924.

[13] Weitere Ausführungen in: Francis A. Schaeffer, *Die Kirche Jesu Christi – Auftrag und Irrweg,* Neuhausen–Stuttgart 1981.

[14] Weitere Ausführungen in: Francis A. Schaeffer, *A Christian Manifesto,* a. a. O., Seite 423 und Kapitel 1, Anmerkung 9.

[15] In ausführlicherer Form in: Francis A. Schaeffer, *Bitte laß mich leben,* a. a. O., Seite 216–227.

[16] In den vergangenen Jahren bin ich wegen eines angeblichen Wechsels meiner Anliegen, wie sie sich in den frühen Büchern darstellen, und einer angeblichen neuen Richtung, in die ich mich bewege, kritisiert worden. Diese Kritik ist nicht zutreffend. Ein genaueres Betrachten meiner Arbeit zeigt eine Kontinuität vom Anfang bis zum Ende. Meine früheren Bücher bezogen sich besonders auf intellektuelle Fragen und das Gebiet der Kultur. Dann ging es mehr um das christliche Leben und die Kirche. Meine späteren Bücher vertieften spezielle Schwerpunkte meiner ersten Werke auf dem Gebiet der Gesetzgebung und Rechtsprechung und der Gesellschaft in ihrer Gesamtheit, mit besonderer Betonung der entscheidenden Frage des Wertes menschlichen Lebens und der Freiheit der religiösen Äußerung. All diese Werke durchzieht die Frage der Evangelisation (Männer und Frauen zu helfen, Jesus als Retter kennenzulernen) und die besondere Betonung der Herrschaft Jesu in der Gesamtheit des Lebens. Abschließend möchte ich nachdrücklich betonen, daß es vom Anfang bis zum Ende um die Notwendigkeit geht, täglich mit Gott zu leben, das Wort Gottes zu studieren und ein Leben des Gebets zu führen. Ebenso geht es um Nächstenliebe und die Heiligkeit unseres Herrn im täglichen Leben.

Um mein Werk angemessen betrachten zu können, muß der spätere Teil als direkte Ausführung und Erweiterung meines früheren gesehen werden; ich habe nicht einen meiner früheren Standpunkte verlassen. Nachdem mein Werk so viele Seiten gefüllt und so viele Bereiche berührt hat, sehe ich ein Problem: daß es einige gibt, die nur einen Ausschnitt kennen, oder andere, die gerne einen Teil besonders hervorgehoben sehen wollen. Ich möchte einfach darauf antworten, daß mein Werk in der Gesamtheit vom Anfang bis zum Ende gesehen werden muß.

Die Kennzeichnung der Wasserscheide

[17] Tatsächlich gab es zum Schluß eine Person, die einsam und mutig ihre Stimme erhob, als dies Seminar die neo-orthodoxe Sicht der Schrift übernahm. Es war ein Absolvent des Seminars, Jay Grimstead. Ich möchte ihn erwähnen und seinen Einsatz hervorheben. Jay Grimstead spielte eine entscheidende Rolle bei der Gründung des „International Council on Biblical Inerrancy". Die formale Gründung dieser Versammlung erfolgte mit zehn Mitgliedern am 16. Mai 1977 in Chicago. Der Rat fand bis jetzt noch nicht die Unterstützung der meisten evangelikalen Führer, und eine große Nachfrage der evangelikalen Leiterschaft ist nicht zu beobachten.

Der Grund für die Entstehung lag im besonderen in der Verteidigung des historischen orthodoxen Schriftverständnisses. Besonders zu erwähnen sind zwei Stellungnahmen des Rates. Die erste ist im Oktober 1978 erschienen und trägt den Titel „The Chicago Statement on Biblical Inerrancy", und die zweite kam in November 1982 heraus mit dem Titel „Hermeneutics". Beide Stellungnahmen sind sehr wertvoll und erste Antworten auf die Frage, was es heißt, daß die Bibel ohne Fehler ist, und wie sich dies zum Verständnis und zur Interpretation der Bibel anwenden läßt. Die zweite Stellungnahme ist eine bemerkenswert ausgewogene und hilfreiche Aufstellung von 25 „Behauptungen und Ablehnungen", die sich darauf beziehen, wie die Bibel angemessen studiert und interpretiert werden kann. Diese beiden Stellungnahmen helfen, die Gesamtheit der biblischen Unfehlbarkeit zu erfassen.

Das Ausleben der Wahrheit

[18] Weitere Ausführungen in: Bernard Ramm, *Beyond Fundamentalism: The Future of Evangelical Theologie,* San Francisco 1983, besonders Seite 19–22 und 43, 44.

[19] Dies ist nicht die Frage einer bestimmten akademischen Schule oder der durch sie vertretenen Lehrmeinung. Bibelgläubige Christen sollten sich nie – dies gilt für jedes Gebiet – grundsätzlich

gegen eine bestimmte Schule stellen. Seit vielen Jahren beschäftigen sich bibelgläubige Theologen mit dem, was man „Textkritik" nennt; es geht dabei um die Frage, welches die verläßlichste Handschrift ist. Es ist selbstverständlich, daß bibeltreue Christen dem Textstudium einen Wert beimessen. Da die Schrift eine lehrhafte Kommunikation Gottes mit dem Menschen ist, sollten wir offensichtlich daran interessiert sein zu erkennen, welches der beste Text ist. Aus diesem Grund arbeiten viele Christen seit vielen Jahren auf dem Gebiet der „Textkritik".

Die „historisch-kritische Methode" ist ein ganz anderes Gebiet. Dort, wo Textkritik aufhört, fängt sie an. Nachdem der beste Text gefunden ist, will sie aufgrund ihrer eigenen subjektiven Grundlage festlegen, was angenommen und was abgelehnt werden soll. Der eindeutige Unterschied zwischen Liberalen und bibelgläubigen Christen ist keine Frage der akademischen Schule, sondern der Prämissen. Beide, der alte und der neue Liberalismus, arbeiten jeweils auf der Grundlage einiger Voraussetzungen, die sich von denen des historischen Christentums unterscheiden.

Weitere Ausführungen im 1. Kapitel meines Buches: Francis A. Schaeffer, *Kirche Jesu Christi – Auftrag und Irrweg,* a. a. O., Seite 9–30.

[20] Zitiert in: George C. Bedell, Leo Sandon jr. und Charles T. Wellborn, *Religion in Amerika,* New York 1975, Seite 237, Hervorhebungen hinzugefügt.

[21] George M. Marsden, *Fundamentalism and American Culture: The Shaping of Twentieth Century Evangelism: 1870–1925,* New York 1980, Seite 118f.

[22] Weitere Ausführungen in: Mark A. Noll et al (Hrsg.), *Eerdmans' Handbook to Christianity in Amerika,* Grand Rapis, Mich., 1983, Seite 379.

[23] Weitere Ausführungen in: Francis A. Schaeffer, *Kirche Jesu Christi – Auftrag und Irrweg,* a. a. O., Kapitel 2, Seite 31–50.

[24] ebd., Kapitel 1, Seite 9–30.

Bedeutungen und Nebenbedeutungen

[25] Harold J. Ockenga, „From Fundamentalism, Through New Evangelicalism, to Evangelicalism", Seite 36 in Kenneth S. Kantzer (Hrsg.), *Evangelical Roots: A Tribute to Wilbur Smith,* Nashville 1978, Seite 36, Hervorhebungen hinzugefügt.

[26] Thomas C. Oden, *Agenda for Theology: Recovering Christian Roots,* San Francisco 1979, Seite 29–31, Hervorhebung hinzugefügt. Oden ist ein sehr interessantes Beispiel. Er ging durch den Liberalismus und entdeckte, daß dieser vollständig versagt hat. Wir können seinen Mut, dies öffentlich und entschieden zu äußern, nur loben. Dies führte ihn in eine wahrhaft neo-orthodoxe Position, während er gleichzeitig ernsthaft versuchte, die ganze Weite des historischen Christentums zu sehen. Da er jedoch die volle Autorität und Unfehlbarkeit der Bibel nicht annahm, verbleibt ein sehr ernsthaftes Problem: Was ist letztlich die Grundlage des Glaubens? Ohne die objektive Wahrheit der Bibel als Ursprung verbleibt Oden keine Möglichkeit, die Wahrheit der Schrift mit Vertrauen anzunehmen. Er kann somit auch Wahrheit und Irrtum, die sich im Leben und in der Theologie der Kirche Jahrhunderte hindurch immer wieder vermischen, nicht unterscheiden. So müssen wir Oden lobend erwähnen, weil er den Weg der historischen Orthodoxie wiedergefunden hat, aber wir müssen sagen, daß seine Theologie noch immer eindeutig von Mängeln behaftet ist, wenn es um das Verständnis der Autorität der Bibel geht. Weil er nicht die ganze Autorität und Unfehlbarkeit der Bibel annimmt, behält sie für ihn keine endgültige Autorität, und er steht in demselben Problem, das am Anfang bestand. Es ist interessant, festzustellen, daß es die liberale Haltung zur Abtreibung war, die ihn veranlaßte, seinen Liberalismus zu hinterfragen. Deshalb schreibt Oden:

Wenn ich vom Auswurf der religiösen Anpassung spreche, denke ich nicht an die „anderen" oder spreche in abstrakten Bildern, sondern von meiner persönlichen Vergangenheit (...).
Das schockierendste ist in der Hauptsache nicht, daß ich auf jeden modernen Zug, der in Sicht war, aufsprang, sondern daß ich dachte, und dies mit erstaunlichem Gefallen, ich würde dabei

christliche Lehre vertreten. Mit der Zeit betrachtete ich dies als die eigentliche Mitte des christlichen Lehrauftrages (...).
Die steigenden Abtreibungszahlen machten mich des Spieles überdrüssig und entmutigten mich. Ich entdecke nun, daß ein Gutteil meiner eigenen idealistischen Geschichtsauffassung der politischen Aktion einer falschen Vorstellung entsprang; einer selbsttäuschenden Romantik bei gleichzeitiger Suche nach Macht in Form des Prestiges. Dies entstand anfänglich aus dem Wunsch, die menschlichen Traditionen im Namen der Menschlichkeit zu zerstören, und führte am Ende in die Bereitschaft, die Zukunft einer endlosen Zahl ungeborener Kinder im Namen der individuellen Autonomie und Freiheit auszulöschen.

[27] Lance Morrow, „Thinking Animal Thought", *Time,* 3. Oktober 1983, Seite 86, Hervorhebungen hinzugefügt.
[28] David Neff, „Who's Afraid of the Secular Humanists?" *His,* März 1983, Seite 4–7 und 31.
[29] Zur ausführlichen Definition von „Humanismus" in: Francis A. Schaeffer, *A Christian Manifesto,* a. a. O., Seite 425–527. Bezüglich der Frage: Was ist Humanismus?: James Hitchcock, *What Is Secular Humanism,* a. a. O.
[30] Peter Siger, „Sanctity of Life or Quality of Life?" *Pediatrics,* July 1983, Seite 128 f.
[31] Wenn Abtreibung einmal akzeptiert ist, dann gibt es keine einsichtige Grenze, wie weit die Abwertung des menschlichen Lebens gehen kann. Denken Sie daran, wie schnell die Diskussion über den Gebrauch menschlicher Föten für wissenschaftliche Experimente aufkommt. Es ist schrecklich, nur darüber nachzudenken. Wenn aber das ungeborene Leben nicht als Person akzeptiert und geschützt wird, dann ist dies nur eine logische Schlußfolgerung. Bezüglich der Implikationen bei Experimenten an Föten und der dokumentierten Fälle: Donald DeMarco, „On Human Experimentation", *The Human Life Review,* 1983, Seite 48 ff.

Erscheinungsformen des Zeitgeistes

[32] Russ Williams, „Spotlight: Evangelicals for Social Action", *Evangelical Newsletter,* 15. Oktober 1982, Seite 4, Hervorhebungen hinzugefügt.

[33] Zu einer ausführlichen Behandlung und einer scharfen Kritik der „sozialistischen Mentalität": Franky Schaeffer, *Bad News for Modern Man,* Westchester, Ill., 1984.

[34] Herbert Schlossberg, a. a. O., Seite 133f. Die Bemerkungen von Alexander Solschenizyn sind hier auch sehr informativ. In einem Artikel, der den Titel trägt: „Three Key Moments in Japanese History", *National Review,* 9. Dezember 1983, schreibt er:

Dies ist der geeignete Platz, nun kurz auf den modernen und weit verbreiteten Mythos des Sozialismus einzugehen. Obwohl der Begriff von jedem genauen und unzweideutigen Sinn frei ist, hat der vage Traum einer „gerechten Gesellschaft" ihn weltweit bekannt gemacht. Im Zentrum des Sozialismus steht der Trugschluß, daß alle menschlichen Probleme durch soziale Veränderung gelöst werden können. Aber selbst wenn er verspricht, in seiner mildesten Form aufzutreten, versucht er immer, mit dem Werkzeug der Gewalt die erfundene und unerreichbare Idee einzubringen, daß alle Menschen gleich sein müssen. Einer der brillantesten Denker in der heutigen UdSSR, der Physiker Orlov (der jetzt nach 5 Jahren Haft in einem kommunistischen Arbeitslager krank und dem Tode nah ist) hat gezeigt, daß *reiner* Sozialismus immer und unausweichlich totalitär ist. Orlov führt aus, daß es unwesentlich ist, wie fein und vorsichtig die Maßregeln des fortschrittlichen Sozialismus auch sind; wenn sie konsequent sind, dann werden sie einem Automatismus gleich als Folge der sozialistischen Reformen dies Land (oder die ganze Welt) in den Abgrund des kommunistischen Totalitarismus schleudern. Totalitarismus ist das, was die Physiker eine „Energiewelle" nennen. Es ist einfach, in ihm zu taumeln, aber es bedarf einer ungewöhnlichen Anstrengung und besonderer Umstände, wenn ein Entweichen gelingen soll.

[35] John Perkins gibt in seinen Werken ein hervorragendes Beispiel für eine Alternative zur „sozialistischen Mentalität". Diese Alternative ist zuerst biblisch, mitfühlend und praktisch. Perkins, der selber Schwarzer ist, hebt für die Schwarzen die Notwendigkeit hervor, aktiv am ökonomischen System beteiligt zu sein, reelle Chancen zu bekommen, gerecht behandelt zu werden und angemessen im ökonomischen System mitarbeiten zu können.
Besonders in: John Perkins,
Let Justice Roll Down, Ventura, Calif., 1976.
A Quiet Revolution: The Christian Response to Human Need, A Strategy for Today, Waco, Tex., 1976.
With Justice For All, Ventura, Calif., 1982.

[36] Während viele Evangelikale anfangen, ein Loblied auf den Sozialismus zu singen, ist es interessant zu beobachten, wie eine wachsende Zahl säkularer Sozialisten zunehmend des Sozialismus überdrüssig werden. Von besonderem Interesse sind die „Nouveaux Philosophes" wie Bernhard-Henri Levy, den *The Christian Science Monitor* einen „der größten zeitgenössischen Philosophen Frankreichs" nennt. Levy ist kein Christ, in jeder Bedeutung des Wortes, aber sein Einblick in das Problem der Moral, sozialen Ethik und Rechtsprechung ist bemerkenswert. Levy kommentiert:

Ich bin kein Mann des Glaubens, aber ich denke, daß wir nach einem neuen Fundament für die Ethik suchen, und die beste Grundlage liegt in der alten biblischen Tradition. Diese alten Handschriften enthalten die Prinzipien für die Menschenrechte, die Vorstellung von Individualität und Eigenständigkeit und von Weltbürgertum. Der Marxismus behauptet, daß es keine absolute Ethik, keine Wahrheit, kein Gut und Böse gibt; alles hängt von den Umständen und der Klasse, die dies gerade festlegen, ab. Wenn Sie jedoch dieser Realität der Ethik entfliehen wollen, dann finden Sie die Hilfsmittel und Anregungen dazu in der Bibel.

Es ist bemerkenswert, daß Levy die vollständige Unvereinbarkeit des Marxismus mit dem Christentum besser als viele evangelikale Christen sieht. Weitere Ausführungen in dem vollständigen Artikel von Stewart McBride, „‚New Philosopher' Bernhard-Henri

Levy: A French Leftist Takes Out After Socialism", *The Christian Science Monitor* (Pollout Section), 20. Januar 1983, Seite B1–B3.
[37] Ich habe dies weiter entwickelt in: *Wie können wir denn leben?*, a. a. O., Seite 113f. und 127f.
Bezüglich der Rassentrennung möchte ich weiterhin erwähnen, daß ich zu der Zeit, als ich in den vierziger Jahren Pastor in St. Louis war und die Schwarzen immer näher an unserer Kirche wohnten, meinen Ältesten klarmachte, daß die Hautfarbe *nie* einen Ausschlag geben kann, wer Mitglied einer Kirche sein darf und wer nicht; wenn dies doch der Fall wäre, würde ich mein Amt niederlegen. Und im Laufe der Jahre haben eine ganze Anzahl Schwarzer L'Abri als den ersten Ort beschrieben, wo die Hautfarbe keinen Unterschied macht. In den vierziger Jahren hielten viele unserer führenden evangelikalen Schulen – und dabei denke ich zum Beispiel nicht an die Schule von Bob Jones – an den Gesetzen zur Rassentrennung und ähnlichem fest. Ich werden den Schwarzen nie vergessen, der solch eine Schule besuchte. Er sagte in L'Abri: „Dies ist der erste Ort, wo man mich als Menschen behandelt." Als er dies sagte, hatte ich Tränen in den Augen. Ich bin froh, daß er es sagen konnte.
[38] Weitere Ausführungen in: Francis A. Schaeffer, *A Christian Manifesto*, a. a. O., Seite 121.
[39] Weitere Ausführungen in: Francis A. Schaeffer, Vladimir Bukovsky and James Hitchcock, *Who Is for Peace?*, a. a. O., Seite 19.
[40] *Witherspoon's Work,* Kapitel 5, Seite 184.
[41] Ronald A. Wells, „Francis Schaeffer's Jeremiad" *Reformed Journal,* Mai 1982, Seite 18.
[42] Dies ist nicht nur eine abstrakte Diskussion. Wenn die christliche Wahrheit keinen oder nur einen sehr geringen Unterschied in der Gesellschaft ausmacht (ohne daß es je ein goldenes Zeitalter gab) und wenn alles nur ein Mischmasch ist, die Grundlage der Reformation „sola sciptura" eingeschlossen, wenn dies alles nur eine Illusion ist, dann ist das Christentum natürlich eine Erscheinung von vielen in einer Welt von Wahrscheinlichkeiten, Unsicherheiten und beständigem Fluß. Wir sollten nicht überrascht sein, wenn der von mir zitierte Historiker (Anmerkung 10), der die Reformation und ihren Anspruch des „sola scriptura" so abwertet, in einem

anderen Artikel die Evangelikalen drängt, sich das soziale Evangelium von Walter Rauschenbusch und Reinhold Niebuhr als Grundlage anzusehen, um etwas über die moderne Kultur zu sagen. Diejenigen, die diese beiden Männer kennen, wissen, was das bedeutet. Die frühen Evangelikalen sahen sich selbst in einem eindeutigen Konflikt zum sozialen Evangelium von Niebuhr.

[42a] Ein persönlicher Bericht, wie dies zum Beispiel in der Psychologie geschah, ist der bemerkenswerte Abschnitt: „World in the Fold" in William Kirk Kilpatricks Buch *Psychological Seduction,* Nashville 1983, Seite 13–27.

[43] Richard N. Ostling, „The Curious Politics of Ecumenism", *Time,* 22. August 1983, Seite 46. Der Einfluß des Marxismus unter Mitwirkung des WCC auf die Guerillakriege wird beschrieben in: Richard N. Ostling, „Warring Over Where Donations Go", *Time,* 28. März 1983, Seite 58f.; Kenneth L. Woodward und David Gates, „Idology Under the Alms", *Newsweek,* 7. Februar 1983, Seite 61f., und Rael Jean Isaac, „Do you Know Where Your Church Offerings Go?", *Readers Digest,* Januar 1983, Seite 120–125.

[44] Richard N. Ostling, a. a. O., Seite 46.

[45] Richard Lovelance, „Are There Wings of Change at the World Council?", *Christianity Today,* 16. September 1983, Seite 33f.

[46] Peter Beyerhaus, Arthur Johnston und Myung Yuk Kim „An Evangelical Evaluation of the WCC's Sixth Assembly in Vancouver", aus *Theological Student Fellowship Bulletin,* September–Oktober 1983, Seite 19f.

[47] ebd., Seite 20.

[48] Eine eingehendere Ausführung bezüglich der Frage der nuklearen Verteidigung und des Pazifismus: Francis A. Schaeffer et al, *Who Is for Peace?,* a. a. O., besonders Seite 19–30. Eine ausgezeichnete, ausführlichere Behandlung des Themas in: Jerram Barrs *Who Are the Peacemakers? The Christian Case for Nuclear Deterrence,* Westchester, Ill., 1983.

[49] Os Guiness, a. a. O., Seite 99f., Hervorhebungen vom Verfasser.

[50] John F. Alexander, „Feminism as a Subversive Activity", *The Other Side,* July 1982, Seite 8.

[51] Es ist sehr interessant festzustellen, wie die Soziologen Brigitte Berger und Peter L. Berger den Zusammenbruch der Familie und

das Durchsetzen der antifamiliären Haltung in unserer ganzen Kultur mit dem Zustand anderer Bereiche in Verbindung bringen. Sie schreiben:

Diejenigen, die die bürgerliche Familie auflösen würden, würden, wenn es ihnen möglich wäre, diese *ohne jedes* Risiko auflösen. Diese phantastische Vorstellung eines risikolosen Lebens drückt sich in einigen ihrer zentralen Aussagen aus. Da gibt es das Ideal des „swinging single" ohne Verbindung zum Partner, die Planung einer endlosen Selbstverwirklichung; die Idealisierung der Abtreibung, die endgültige Entfernung eines letzten Risikos einer Schwangerschaft bei sexuellen Beziehungen; das beharrliche Drängen, daß ein „homosexueller Lebensstil" einer heterosexuellen Heirat gesellschaftlich gleichgestellt wird, die Gleichschaltung einer risikolosen (weil kinderlosen) Beziehung mit der gewagtesten aller Beziehungen. All diese Punkte können unter der Kategorie „Geburtsfeindlichkeit" zusammengefaßt werden. Sie sind in einem eindeutig logischen Zusammenspiel mit anderen ideologischen Themen zu sehen, die in der gleichen Richtung bestimmend sind: *politische Linksorientierung, Nullwachstum im wirtschaftlichen Bereich und der Bevölkerungszahl, antinukleare und im allgemeinen antitechnische Meinungen, Pazifismus und eine milde nichtaggressive Haltung in internationalen Beziehungen, ein tiefer Argwohn gegen Patriotismus* (der letztendlich immer eine mögliche militärische Dimension hat) *und eine grundsätzlich negative Haltung zu allen Werten wie Disziplin, Leistung und Konkurrenz.* In der Gesamtheit ist dies sicherlich eine Konstellation, die als Dekadenz zu benennen ist. Eine Gesellschaft, die von diesem Thema beherrscht wird, hat sehr armselige Aussichten in der wirklichen Welt, die meist von Menschen bewohnt wird, die sehr gegenläufige Normen und Gewohnheiten haben.

Wir vergessen nicht, daß wahrscheinlich einige Leser durch den obigen Abschnitt verletzt sein werden; wir erwarten sicherlich nicht, daß irgend jemand durch solch ein skizzenhaftes Argument überzeugt wird. Wir wollen hiermit nur deutlich machen, daß nach unserer Meinung das Schicksal der bürgerlichen Familie *mit einigen weitergehenden Fragen verbunden ist, die die Überlebenschancen der heutigen westlichen Gesellschaft betreffen.* Auf jeden Fall ist unsere Verteidigung der bürgerlichen Familie nicht notwendigerweise von einer Übereinstimmung mit diesen weiter gefaßten Fragen abhängig. Aber es sollte ein weiterer Punkt beachtet werden, wenn man sein zentrales Thema in den Zusammenhang der Dekadenz stellt: das Dekadenzsyndrom zieht sich nicht gleichmäßig durch unsere Gesellschaft. In Nordamerika und in Westeuropa ist es auf solche Gruppen verteilt, die wir als die neue „Wissensklasse" bezeichnen (im evangelikalen Lager bezieht sich dies auf die evangelikale Leiterschaft, besonders wird dies in dem evangelikalen „Wissensgewerbe" wie Ausbildungsstätten und Printmedien wiedergefunden). Von diesem Zentrum aus dringt es ein in all die anderen Bereiche. Es gibt auch andere Gruppen (im speziellen die untere Mittelklasse und die Arbeiterklasse) und große, nicht so stark angeglichene ethnische Gruppen, die weniger von diesem Syndrom befallen sind und die in einigen Bereichen von all dem nicht berührt sind. Der Zerfall der bürgerlichen Familie (und so, wie wir meinen, das zukünftige Überleben dieser Gesellschaft) hängt von der weiteren Entwicklung dieser Gruppen ab (Seite 135 ff., Hervorhebungen hinzugefügt).

Dies heißt, in anderen Worten ausgedrückt und auf die evangelikale Leiterschaft angewandt, daß Brigitte und Peter L. Berger deutlich machen: die führenden Köpfe innerhalb der Evangelikalen haben sich den Ideen, die innerhalb der säkularen „Wissensklasse" in Mode sind, angepaßt.
Ich empfehle eine weitere Studie in dem sehr einsichtigen Buch: *The War Over the Family:* Capturing the Middle Ground, New York 1983.
[52] Zum Beispiel in: Paul K. Jewett, *Man as Male and Female,* Grand Rapids, Mich., 1975, und Virginia R. Mollenkott, *Women, Men and the Bible,* Nashville 1977.
[53] Zum Beispiel in: Letha Dawson Scanzoni and Virginia R. Mollenkott, *Is the Homosexual my Neighbor?,* San Francisco 1980.
[54] Letha Dawson Scanzoni, „Can Homosexuals Change?" *The Other Side,* Januar 1984, Seite 14.
[55] Weitere Ausführungen in: 1. Korinther 6,9f; 1. Timotheus 1,9f; Judas 6f; 2. Petrus 2,4. 6–8; 3. Mose 18,22 und 20,13.

Die große Anpassung

[56] Obwohl ich Richard Quebedaux in seiner Theologie nicht zustimmen würde, sind doch seine soziologischen Folgerungen, die er in seinem einflußreichen Buch (*The Worldly Evangelicals,* San Francisco 1978) beschreibt, sehr deutlich – nämlich, daß die Führung der Evangelikalen im wahrsten Sinne des Wortes weltlich geworden ist.

[57] Francis A. Schaeffer, *Das Kennzeichen des Christen,* Wuppertal 1971, siehe hier im Anhang.

[58] Beachten sie zum Beispiel den Kommentar von Gill Davis in „Christian for Socialism", der in *The Other Side* erschienen ist: „Ich beziehe mich auf so duckmäuserige Prediger (...) In diesem Land ist die mythische Unterstützung des Faschismus oft ein Fundamentalismus des rechten Flügels." Zitiert aus Lloyd Billinsley, „First Church of Christ Socialist", *National Review,* 28. Oktober 1983, Seite 1339.

Lutz von Padberg
**New Age
und Feminismus**
Taschenbuch, 192 Seiten
Bestell-Nr. 15 771

Das Entstehen einer neuen Spiritualität im Wechselspiel von New Age und Feminismus rüttelt an den Grundlagen unserer Gesellschaft und unserer Wertordnung – und genau das soll es auch: beide, die feministische und die New-Age-Bewegung, haben Befreiung von angeblich überholten gesellschaftlichen und moralischen Konzepten, Selbsterlösung aus den Zwängen des eigenen Ichs, Mystik und Okkultismus auf ihre Fahnen geschrieben. Wo liegen die Kernpunkte ihres Verständnisses von Moral, Gesellschaft und Spiritualität? In welchen Punkten berührt sich das Denken der beiden Bewegungen?
Wo sind sie aufeinander angewiesen oder gar deckungsgleich?
Wer die neue Spiritualität in ihrem Entstehen, ihrem Wirken und ihren Folgen verstehen will, der findet mit diesem Buch einen qualifizierten Diskussionsbeitrag.